HENNING JAUERNIG, Jahrgang 1991, ist seit seiner Kindheit von der Börse fasziniert. Die erste Aktie kaufte er kurz nach seinem Abitur, die ersten Fonds folgten wenig später. Seitdem löchern ihn Familie und Freunde mit Finanzfragen. Nach Stationen bei *FAZ* und *Handelsblatt* kam er 2016 als Redakteur ins Wirtschaftsressort von SPIEGEL ONLINE. Sein Blog *Young Money* erreicht dort ein Millionenpublikum.

Besuchen Sie uns auf www.penguin-verlag.de und Facebook.

Henning Jauernig

Young Money Guide

Richtig mit Geld umgehen und
mehr vom Leben haben

 **PENGUIN** VERLAG

Ein Teil der Texte dieses Buchs ist erstmals auf dem Blog *Young Money* bei spiegel.de erschienen. Sie wurden für diese Ausgabe durchgesehen und aktualisiert.

Sollte diese Publikation Links auf Webseiten Dritter enthalten, so übernehmen wir für deren Inhalte keine Haftung, da wir uns diese nicht zu eigen machen, sondern lediglich auf deren Stand zum Zeitpunkt der Erstveröffentlichung verweisen.

Verlagsgruppe Random House FSC® N001967

PENGUIN und das Penguin Logo sind Markenzeichen von Penguin Books Limited und werden hier unter Lizenz benutzt.

3. Auflage
Copyright © 2020 by Penguin Verlag
in der Verlagsgruppe Random House GmbH,
Neumarkter Straße 28, 81673 München,
und SPIEGEL ONLINE GmbH, Hamburg,
Ericusspitze 1, 20457 Hamburg
Umschlag: Hafen Werbeagentur, Hamburg
Umschlagmotiv: Christian Kerber
Grafiken: Katja Braun © DER SPIEGEL
Redaktion: Birthe Vogelmann
Satz: Vornehm Mediengestaltung GmbH, München
Druck und Bindung: GGP Media GmbH, Pößneck
Printed in Germany
ISBN 978-3-328-10494-0

www.penguin-verlag.de

Dieses Buch ist auch als E-Book erhältlich.

Inhalt

Vorwort 9

KAPITEL 1: Geld im Alltag 17
   Warum jeder ein Haushaltsbuch führen sollte –
   und wie es funktioniert 19
   Was Alltagsgewohnheiten auf Dauer kosten und
   warum sich Sparen lohnt – mit Spartipps für Faule 26
   Warum Arbeitskraft so wichtig ist 37
   So verstehst du endlich deine Gehaltsabrechnung 43

KAPITEL 2: Konto & Kredit 51
   Wie du ein gutes Girokonto finden kannst –
   mit Checkliste für Faule 53
   So sicherst du dir einen Notgroschen für
   schlechte Tage – mit Checkliste für Faule 59
   Im Notfall: In fünf Schritten zum günstigen Kredit –
   mit Checkliste für Faule 65

KAPITEL 3: Geld anlegen & investieren 73
   Warum wir alle in Aktien investieren sollten 75
   Wie du Aktien für deinen Reichtum arbeiten lässt 84

Wie du 10.000, 50.000 und 100.000 Euro
auf einmal anlegst 95
Wie du monatlich sparen und anlegen kannst –
mit Checkliste für Faule 112
Wie du Geld nachhaltig anlegen kannst 116

KAPITEL 4: Geld verwalten & beschützen 125
Wie du am besten mit einem Börsencrash umgehst 127
Was taugen Geldanlage-Roboter? 132
Vorurteile gegen Aktien im Realitätscheck 137
Und was ist mit Gold und Immobilien?! 143

KAPITEL 5: Rente & Versicherungen 151
Wie funktioniert die gesetzliche Rente und
reicht sie überhaupt? 153
Wie viel Geld du für die Rente zurücklegen solltest 158
So funktioniert die Riester-Rente 162
Warum eine betriebliche Altersvorsorge (bAV)
sinnvoll ist 166
So sicherst du dir ein zusätzliches Geldgeschenk
vom Arbeitgeber – mit Checkliste für Faule 170
Diese Versicherungen brauchen junge Menschen
wirklich 177

KAPITEL 6: Bauen & Wohnen 189
Neun Tipps gegen teure Überraschungen
bei der Miete 191
Kaufen oder Mieten – was ist besser? 198
Wie du für einen Hauskauf sparen kannst 206

Wie viel du für einen Immobilienkauf
ausgeben kannst 213
So setzt du einen Immobilienkauf am besten um 220

KAPITEL 7: Geld & Liebe 227
Der richtige Umgang mit Geld in der Partnerschaft..... 229
Warum ein Ehevertrag sinnvoll sein kann 236

KAPITEL 8: Steuern.. 243
Warum eine Steuererklärung sinnvoll ist und
wie du Steuern sparen kannst 245
So erstellst du am bequemsten eine Steuererklärung... 250

**KAPITEL 9: Der Traum von finanzieller
Unabhängigkeit** 255
So könnte der Ausstieg klappen 257

Glossar.. 267

Vorwort

»Ich weiß eigentlich gar nicht, was ich damals gekauft habe«, sagt Emily, die mir in einer Hamburger Bar bei einem Glas Wein gegenübersitzt. Die 29-jährige Eventmanagerin war vor ein paar Jahren bei einem Beratungsgespräch in einer Bank, weil sie sich endlich um das Thema Altersvorsorge kümmern wollte. »Und jetzt frage ich mich, ob ich all die Verträge überhaupt brauche, die ich damals abgeschlossen habe«, sagt sie und reicht mir einen Ordner mit ihren Finanzunterlagen über den Tisch. Wir kennen uns noch aus der Schule und hatten im Vorfeld vereinbart, dass ich mal einen Blick auf ihre Verträge werfe.

Nachdem ich mir die Unterlagen angeschaut habe, stelle ich fest, dass es Emily leider so ergangen ist wie den meisten meiner Freunde, die mich immer mal wieder um Rat fragen. Über die Jahre zahlte sie Hunderte Euro Provision an die Bank für Produkte, die sie gar nicht braucht, und ihr Erspartes ist immer noch nicht gewachsen.

»So wird das nichts mit der Altersvorsorge«, stelle ich fest.

Emily entgegnet: »Na ja, ich habe mich halt voll auf den Berater verlassen und wollte einfach meine Ruhe davon haben.«

So wie Emily geht es den meisten meiner Freunde. Das Thema Altersvorsorge und Geldanlage überfordert sie, und sie wissen oft nicht, wo sie anfangen sollen. Einige von ihnen haben deshalb bei einem Bankberater oder Versicherungsmakler eine Lebensversicherung oder ein Riester-Rentenprodukt gekauft. Oftmals verstehen sie gar nicht so richtig, was der jeweilige Vertrag genau beinhaltet, aber Hauptsache, sie haben erst einmal ein paar Jahre Ruhe. Die Unterlagen verschwinden dann ungelesen in irgendeinem Ordner. Andere wiederum würden sich am liebsten einfach gar nicht mit ihren Finanzen beschäftigen. Sie verdrängen das Thema vollständig.

Häufig haben junge Menschen die Verwaltung ihrer Finanzen jahrelang komplett ihren Eltern überlassen, fragen nicht nach und sind dann ratlos, wenn sie eigene Finanzentscheidungen treffen müssen. Die Vorbildung fehlt, weil das Thema in deutschen Schulen nicht auf dem Lehrplan steht. Viele starten ins Berufsleben oder, schlimmer noch, arbeiten seit Jahren und wissen nicht, wie sie fürs Alter vorsorgen sollen oder welche Versicherungen sie eigentlich brauchen.

Doch man kann meiner Generation keinen Vorwurf machen. Unsere Eltern und Großeltern haben uns vorgelebt, dass man über Geld am besten nicht spricht. In vielen Familien ist das ein Tabu. Tatsächlich zeigen Studien: Nirgendwo sonst auf der Welt wird so wenig über Geld gesprochen wie in Deutschland. Ein Informationsaustausch findet nicht statt, woher soll man also wissen, wie man sein Geld anlegt?

Ich kann gut verstehen, dass man sich nicht gerne mit Berufsunfähigkeitsversicherung, Rente und Aktienfonds auseinandersetzt. Es gibt sicher schönere Dinge im Leben, mit denen man seine wenige Freizeit verbringen kann. Ich glaube, dass diese Abneigung nur zum Teil dadurch begründet ist, dass die Produkte den Leuten zu komplex sind. Bei den meisten ist es doch so: Sie sind nicht zu doof, Aktien zu kaufen, sie interessieren sich bloß einfach nicht dafür.

Das liegt daran, dass die meisten sich sträuben, sich ganz konkret mit ihren Vorstellungen vom Leben zu beschäftigen. Denn wer sich um seine Finanzen kümmert, muss sich unangenehme Fragen stellen wie: Wer bin ich eigentlich? Was sind meine Ziele im Leben – und wie möchte ich sie erreichen? Will ich mal mit einer Familie in einem eigenen Haus wohnen oder lieber die Freiheiten eines Singles genießen?

Denn all diese großen Fragen des Lebens haben einen starken Einfluss auf unsere finanziellen Entscheidungen. Und da es ziemlich anstrengend sein kann, sich mit diesen fundamentalen Themen zu beschäftigen, verdrängen viele Menschen sie einfach.

Gerade meine Generation gilt als eine Gruppe von Leuten, die sich verdammt schwer damit tut, sich zu entscheiden. Wir gelten als die Maybes und Unentschlossenen. Es gibt so viele Möglichkeiten, sodass wir alle heillos überfordert sind. Es scheint, als hätten wir vergessen, wie man Entscheidungen trifft. Und dieses Lebensgefühl wirkt sich auch auf unsere Geldentscheidungen aus. Anstatt die Dinge in die Hand zu nehmen, verdrängen wir sie. Es wird schon irgendwie gut gehen, so die Hoffnung der meisten meiner Freunde.

Hinzu kommt: Oft fehlt uns im Alltag einfach die Zeit. Man

hat schon genug mit Job und Privatleben um die Ohren, wie soll man sich da noch um seine Geldanlage kümmern?

Aber ich kann dich beruhigen, es ist nämlich ein Irrglaube, dass die Beschäftigung mit Finanzen & Co. so wahnsinnig viel Zeit frisst. Ein oder zwei Stunden pro Monat reichen völlig aus. Und wer einmal seine Geldangelegenheiten geregelt hat, muss erst einmal jahrelang nichts tun. Der Großteil läuft von allein.

Ich zum Beispiel mache einmal am Ende des Jahres einen Check und gucke, ob noch alles so wie geplant läuft – das war's. Danach kann ich mich guten Gewissens um die wirklich wichtigen Dinge des Lebens kümmern: Familie, Freunde, Sport. Es lohnt sich also, seine Finanzen in den Griff zu kriegen. Denn wer richtig mit Geld umgeht, hat auf Dauer mehr von seinem Leben!

Außerdem müssen wir uns alle die Frage stellen, ob wir unsere Zeit im Alltag wirklich immer sinnvoll nutzen. Gerade Menschen meiner Generation hängen viel am Smartphone herum, aktualisieren ständig die Timelines verschiedener Social Media-Kanäle, weil sie Angst haben, etwas zu verpassen. Aber wer das Smartphone zum Beispiel nur eine Stunde pro Woche weniger nutzt, kann diese Zeit darauf verwenden, sich mit seinen Finanzen zu beschäftigen. Es ist nur eine Frage der Prioritätensetzung.

Das Gute ist: Du hast die größte Hürde bereits genommen, weil du dieses Buch in die Hand genommen hast. Du hast also entschieden, dass du diese Dinge endlich angehen willst. Und von diesem Startpunkt aus geht alles seinen Gang: Wenn du dieses Buch gelesen hast, kannst du alle wichtigen Finanzentscheidungen selbst treffen und durchführen. Ich zeige dir in kurzen Schritt-für-Schritt-Anleitungen, wie alles funktioniert. In verschiedenen Kapiteln widmen wir uns gemeinsam den relevanten Fragen: Wie kann ich mein Geld richtig anlegen? Welche Versicherungen brauche ich überhaupt? Und wie mache ich meine Steuer?

Natürlich lässt uns die Finanzindustrie im Glauben, dass all diese Dinge wahnsinnig komplex sind und wir uns deshalb mit einem Bankberater oder Versicherungsmakler zusammensetzen sollten. Diese können uns dann nämlich hochkomplexe Produkte andrehen, mit denen vor allem die Bank Geld verdient.

So war das auch in meiner Familie. Mein Vater, langjähriger Berufsschullehrer und Herr über die familiären Finanzen, wusste zwar mit Geld umzugehen und sparte viel, er legte es aber immer nur so sicher wie möglich an. Aktien, so sagte er, seien doch nur etwas für Spekulanten. Doch über all die Jahre ließ er sich durch diese Haltung eine Menge Geld entgehen, denn die ach so sicheren Bausparverträge und Sparbücher, die ihm irgendwann mal ein Sparkassenberater aufgeschwatzt hatte, liefen schlecht. Über all die Jahre erzielte er mit seinem Ersparten nur eine mickrige Rendite, also eine nur sehr geringe Verzinsung seines eingesetzten Kapitals. Weil in dem Zeitraum gleichzeitig die Lebenshaltungskosten gestiegen waren, war unser Haushalt real sogar ärmer geworden.

Dann besprach ich mit meinem Vater, wie er einen Teil seines Geldes in Aktien auf der ganzen Welt investieren konnte. Wir stießen auf das Konzept der passiv verwalteten Indexfonds (*Exchange-Traded Funds*, ETFs), die einfach stumpf per Computerprogramm das Geld über viele Tausend Aktien auf der Welt streuen. Anfangs war er skeptisch, weil er es nicht für möglich hielt, dass die ganze Sache tatsächlich so einfach und kostengünstig war – er hatte es sich viel komplexer vorgestellt. Die Jahre danach warfen die Produkte eine ordentliche Rendite ab, inzwischen hat mein Vater regelrecht Spaß daran zu schauen, wie sich seine Aktien entwickeln.

Mit dieser Erfahrung rund um das Thema Geld bin ich mit meiner Familie nicht allein. Oftmals gelten Aktien als böse Zockerinstrumente. Die meisten Eltern haben schlechte Erfahrungen mit der Börse gemacht, klammern sich deshalb an ihr Erspartes und horten es auf Sparbüchern, die nur kümmerliche Renditen abwerfen. Wir Deutschen, so belegen es die Zahlen, sparen uns nicht reich, sondern arm. Wir vernichten unser Vermögen, anstatt es zu vermehren.

Ich beschloss deshalb, es in meinem Leben anders zu machen. Im Teenageralter kaufte ich meine erste eigene Aktie, weil ich die Idee spannend fand, mich mit meinem Taschengeld an den Gewinnen eines riesigen Konzerns beteiligen zu können. Anschließend las ich viele Finanzfachbücher, studierte Volkswirtschaftslehre und traf in meiner Arbeit als Wirtschaftsjournalist unzählige Vermögensverwalter, Investmentberater und Banker, die es zu einem großen Vermögen gebracht hatten. Mein Opa hatte mir etwas Geld vererbt, das ich fortan versuchte gewinnbringend anzulegen.

Dabei stellte ich fest: Es ist gar nicht so schwierig und komplex, sein Geld zu vermehren. Es ist ein Irrglaube, dass nur ein exklusiver Kreis von Menschen weiß, wie die ganze Sache mit den Finanzen funktioniert. Eine Krankenpflegerin verdient zwar viel weniger als eine Investmentbankerin, sie kann ihr Erspartes aber genauso gewinnbringend anlegen wie sie. Die Grundregeln der Geldanlage sind für alle Menschen dieselben. Wirklich jeder kann es schaffen, sein Geld vernünftig anzulegen!

Man braucht gar nicht besonders gut rechnen zu können, um das alles hinzukriegen. Auch ich war in der Schule in Mathematik immer eher schlecht und habe mich durch das Studium der Volkswirtschaftslehre mehr gequält, als dabei Spaß zu haben. Dennoch habe ich es hinbekommen, mir alles selbst beizubringen. Du kriegst das also auch hin!

Du musst dabei nicht den mühsamen Weg wie ich gehen und dich durch eine Vielzahl von trockenen Finanzbüchern ackern, denn das habe ich bereits für dich getan. Ich habe das Wichtigste zum Thema Finanzen in diesem Buch zusammengefasst und in einige zentrale Grundregeln übersetzt. Alles, was du zum Thema Geld wissen musst, steht in diesem Buch.

Falls du hier jedoch erfahren möchtest, wie du in drei Jahren zum Millionär wirst, muss ich dich leider enttäuschen: Ich habe keine geheime Formel zum Reichwerden entdeckt. Denn solch eine Formel gibt es einfach nicht. Jeder Anlageberater oder Börsenguru, der meint, diese gefunden zu haben, ist unseriös und will dir nur dein Geld aus der Tasche ziehen.

Mir geht es einfach darum, dir möglichst einfach zu zeigen, wie du langfristig ein solides Vermögen aufbauen kannst. Das braucht nun mal Zeit und geht nicht über Nacht. Dabei gilt:

Es gibt nicht den einen Weg, der für jeden der richtige ist. Wir werden uns deshalb in diesem Buch verschiedene Lebenssituationen anschauen und daraus verschiedene Strategien für den Vermögensaufbau ableiten.

Also, lasst uns loslegen!

KAPITEL 1:
Geld im Alltag

Warum jeder ein Haushaltsbuch führen sollte – und wie es funktioniert

Ein warmer Sommerabend in Hamburg, meine Freunde und ich sitzen zusammen am Elbstrand und lassen das Ende des Wochenendes ausklingen. Als Einzige in der Gruppe ist Anabell etwas schlecht drauf. Sie erzählt, dass sie den Winter in Südamerika verbringen will, dafür wollte sie sparen, doch so richtig geklappt habe ihr Vorhaben nicht. »Ich habe viel weniger für die Reise zusammen, als ich eigentlich vorhatte. Irgendwie ist an den Wochenenden das Geld für Partys draufgegangen«, erzählt die Psychologiestudentin. Mal wieder habe sie das Gefühl, mehr Geld auszugeben, als es eigentlich nötig sei.

Ich erzähle an diesem Grillabend meinen Freunden, dass ich ein Haushaltsbuch führe, weil es mir hilft, meine Ausgaben im Griff zu behalten. »Puh, das ist doch was für Spießer und Langweiler«, meint Anabell und guckt mich skeptisch an.

Diese Reaktion erhalte ich immer wieder, wenn ich Freunden und Bekannten von meinem Haushaltsbuch erzähle. Und ja, es klingt tatsächlich etwas spießig, eine Übersicht über seine Ausgaben und Einnahmen zu führen, aber diese Bestandsaufnahme ist nun mal die absolute Basis für einen langfristigen erfolgreichen Umgang mit Geld.

Bevor man sich damit beschäftigt, wie man seine Einkünfte gewinnbringend anlegt, sollte man sich zunächst mit allen Geldgeschäften auseinandersetzen, die man im Alltag tätigt. Das ist der erste Schritt auf dem Weg zum finanziellen Glück. Wer das gemacht hat, kann eine langfristige Strategie für den Vermögensaufbau verfolgen.

Davon abgesehen: Nur weil ich mir jeden Monat aufschreibe, wofür ich mein Geld ausgegeben habe, heißt das ja noch lange nicht, dass ich extrem geizig bin und auf jeden Cent achte. Im Gegenteil: Weil ich weiß, wie viel ich für welche Dinge im Monat zur Verfügung habe, kann ich im Alltag viel entspannter mit meinem Geld umgehen. Ehrlich gesagt gebe ich es sehr gerne aus, nur will ich am Ende des Monats wissen, wofür.

Später am Grillabend verabrede ich mit Anabell, dass sie einen Monat lang ein Haushaltsbuch führt und mir anschließend von ihren Erfahrungen erzählt. Denn gerade für Menschen, die sich ständig darüber wundern, dass sie zu wenig Geld haben, kann so eine Kostenaufstellung sehr wichtig sein. Es entlarvt überflüssige Ausgaben und hilft dabei, Sparpotenziale zu entdecken. Gegebenenfalls bleibt so am Ende des Monats mehr übrig. Das zu erkennen, tut jedem gut. Selbst relativ einkommensstarke Berufseinsteiger haben wegen steigender Mieten und höherer Lebenshaltungskosten das Gefühl, mit ihrem Geld nicht hinzukommen. Egal, ob man 5000 Euro verdient oder 800 – ein Haushaltsbuch zu führen, ist für jeden sinnvoll.

Das Gute an einer solchen Kostenaufstellung: Du erkennst sofort deine Konsumgewohnheiten, ausgedrückt in Eurobeträgen. Oder weißt du auf Anhieb, wie viel Geld du im Monat für Restaurantbesuche oder den Imbiss zwischendurch ausgibst?

Den meisten Menschen ist es einfach zu lästig, solch ein Haushaltsbuch zu führen. Natürlich ist es unglaublich nervig, alle Kassenzettel zu sammeln und die Zahlenkolonnen in ein Buch oder in eine Excelliste zu übertragen. Aber keine Sorge, ich will dir weder ein neues Hobby noch einen Zweitjob verschaffen. Denn das Ganze geht inzwischen viel einfacher. Ich zum Beispiel versuche im Alltag fast nur noch mit meiner EC-Karte zu bezahlen. Bargeld nutze ich nur dort, wo es nicht anders geht. Denn dann sehe ich am Ende eines jeden Monats in meinem Online-Banking-Account, wofür ich mein Geld ausgegeben habe, denn dort sind alle Kartenabbuchungen aufgelistet. Einige Banken übertragen Buchungen vom Online-Banking-Konto inzwischen direkt in ein digitales Haushaltsbuch, sofern das der Kunde wünscht.

Ich addiere derzeit noch selbst die Posten und ordne sie in einer Exceltabelle Kategorien wie Miete, Versicherungen, Lebensmittel, Urlaub und Kleidung zu. So bekomme ich einen guten Überblick. Alle Ausgaben, für die ich Bargeld verwendet habe, fasse ich unter dem Punkt »Sonstige Bargeldausgaben« zusammen. Natürlich ist das nicht ganz genau, weil ich zum Beispiel Bargeld für ganz verschiedene Dinge ausgebe, etwa für Kneipenbesuche, Brötchen beim Bäcker oder eine Zeitschrift im Kiosk. Aber für einen groben Überblick reicht mir das völlig aus. Denn ein Haushaltsbuch kostet umso mehr Zeit, je mehr Kategorien es hat. Wer die täglichen Ausgaben noch nach Bäcker, Café und Kino aufteilt, muss tatsächlich jede Menge aufschreiben.

Wer es genauer haben will und noch weniger Zeit für die Aufstellung seiner Finanzen aufwenden möchte, kann auch eine App nutzen. Inzwischen gibt es unzählige Apps, die einem die Arbeit abnehmen. Beim Einkauf können Ausgaben direkt per Smartphone verbucht, vertaggt und gespeichert werden. Die Auswertung erfolgt dann automatisch in hübschen Tortengrafiken. Spaß macht das den meisten Leuten dann immer noch nicht, aber zumindest muss man dann nicht mehr mit Zettel und Stift herumhantieren. Man muss aber bei jeder Ausgabe kurz die App öffnen und den Betrag eingeben, den man gerade ausgegeben hat. Ich spare mir das, weil ich mich nur einmal am Ende eines jeden Monats in meinem Online-Banking-Account einlogge.

Einen anderen Weg gehen Apps wie Finanzguru, Mint und Finanzblick: Sie lassen sich automatisch mit deinem Bankkonto verknüpfen und listen übersichtlich auf, wofür du dein Geld ausgegeben hast, gut sortiert nach regelmäßigen und einmaligen Ausgaben. Das finde ich sehr hilfreich, weil man bis auf die Verknüpfung gar keine Arbeit mehr mit dem Haushaltsbuch hat. Die hilfreichen Apps machen sich beim Datensammeln künstliche Intelligenz zunutze und prognostizieren, welche Geldflüsse wann zu erwarten sind und wie lange das Geld auf dem Konto noch reichen wird.

Doch es gibt auch Nachteile beim Verwenden solcher Finanzapps. Manchmal sind sie kostenpflichtig, und Einsteiger müssen sich erst einmal in die Funktionsweise der App einfinden, das braucht etwas Zeit. Außerdem gibt es keine absolute Sicherheit, dass der Anbieter deine sensiblen Daten vertraulich behandelt.

Wichtig ist, für sich selbst herauszufinden, wie man im Alltag möglichst schnell einen Überblick über seine Finanzen bekommt. Ich erinnere mich an einen Kommilitonen von mir, der an der Kölner Uni in einer Mathevorlesung neben mir saß und damit beschäftigt war, die Exceltabelle seines Haushaltsbuchs zu programmieren. Was für ein übertriebener Aufwand, dachte ich mir, denn grundsätzlich gilt: Das Thema Finanzen sollte nicht unser ganzes Leben bestimmen. Im Gegenteil, wer möglichst effizient seine Finanzen im Blick hat, hat mehr Zeit für die wirklich wichtigen Dinge im Leben.

Ähnlich ist es Anabell beim Führen eines Haushaltsbuchs ergangen: Sie sammelte alle Kassenzettel und übertrug die Zahlenkolonnen auf ihren PC. Auf Dauer sei ihr das viel zu nervig, erzählte sie mir hinterher am Telefon, als wir über ihre Erfahrungen sprachen. Dennoch habe sich das Experiment für sie gelohnt. »Ich war wirklich erschrocken, wie viel Geld ich für unnötige Dinge ausgebe«, sagte sie. Nun überlege sie, gewisse Ausgaben zu überdenken.

Anabell pflegt für eine Studentin einen relativ hohen Lebensstandard. In ihrer Freizeit geht sie gerne mit ihren Freunden in Restaurants oder Bars, für rund hundert Euro im Monat kauft sie neue Kleidungsstücke, auch für ihr Hobby Yoga gibt sie gerne Geld aus. Das Führen des Haushaltsbuchs habe ihr gezeigt, dass sie mit deutlich weniger Geld auskommen würde und mehr zurücklegen könnte. »Mir ist aufgefallen, dass ich viel zu viel Geld für Essen ausgebe, wenn ich unterwegs bin.«

Anabells Haushaltsbuch

Einnahmen	Euro
BAföG für Studium	735,00
Nebenjob	450,00
GESAMT	**1185,00**

Ausgaben	Euro
Warmmiete WG-Zimmer	350,00
Versicherung	91,00
Handyvertrag	25,00
Netflix	10,00
Lebensmittel	90,00
Sport (Mitgliedsbeiträge)	75,00
Reisen (Bus-, Bahn-, Flugtickets)	52,00
Reisen (Unterkunft)	-
Spenden	20,00
Außer Haus Essen und Trinken	135,00
Partys, Kneipe, Ausgehen	125,00
Kleidung	98,00
Haushaltswaren	-
Gesundheit und Medikamente	19,00
Werkzeuge und Haushaltsgeräte	-
Geschenke	30,00
Sonstiges	15,00
GESAMT	**1135,00**
SALDO	**50,00**

Gerade die kleinen, unregelmäßigen Posten hätten sich zu erstaunlich hohen Beträgen summiert. Außerdem geht sie alle paar Tage bei Edeka einkaufen. Günstiger wäre es, zu einem preiswerteren Supermarkt zu gehen, der etwas weiter von ihrer Wohnung entfernt ist, und dort größere Mengen zu kaufen. »Es vergeht fast kein Tag im Monat, ohne Geld auszugeben – das finde ich schon krass«, stellt sie fest. Auch das Online-Shopping lasse sich deutlich einschränken.

Anabell hat nun vor, mehrere Monate lang ein Haushaltsbuch zu führen, und hofft so, mehr Geld für ihre Südamerikareise sparen zu können. Meistens reicht es völlig aus, nur eine gewisse Zeit Buch zu führen, um daraus die richtigen Schlüsse zu ziehen. Wir brauchen das gar nicht unser Leben lang zu machen. Wer einmal seine größten Posten analysiert hat, muss nicht mehr ständig jeden Euro, den er ausgibt, aufschreiben.

Gleichwohl ist es sinnvoll, wieder damit anzufangen, wenn sich in finanzieller Hinsicht etwas verändert. Das ist zum Beispiel der Fall, wenn man eine Teilzeitstelle annimmt und plötzlich mit weniger Geld auskommen muss. Oder umgekehrt, wenn etwa durch einen Jobwechsel das Gehalt steigt und man dadurch am Ende eines jeden Monats die Sparquote erhöhen kann.

Was Alltagsgewohnheiten auf Dauer kosten und warum sich Sparen lohnt – mit Spartipps für Faule

Ein Haushaltsbuch ist also praktisch, weil es überflüssige Ausgaben entlarvt und dabei hilft, Sparpotenziale zu entdecken. Bei Anabell war es vor allem der tägliche Coffee to go, der sie auf Dauer enorm viel Geld gekostet hat. Die Einkäufe bei Edeka waren dagegen weniger teuer, als sie es beim Grillabend noch angenommen hatte.

Anabell gönnt sich beinahe täglich einen Becher Kaffee bei Starbucks und bezahlt dafür etwa 3,50 Euro. Das sind pro Monat (bei zwanzig Arbeitstagen) immerhin schon siebzig Euro. Okay, könnte man meinen, bei Menschen mit einem guten Einkommen fällt das nicht so sehr ins Gewicht.

Doch gerade bei diesen vermeintlich kleinen Ausgaben entgeht Anabell langfristig eine Menge Geld, die tatsächlichen Kosten sind viel höher. Das zeigt die sogenannte 752-Regel, die der bekannte US-Finanzblogger »Mr. Money Mustache« berühmt gemacht hat. Sie besagt, dass man eine wiederkehrende wöchentliche Ausgabe mit der Zahl 752 multiplizieren muss, um zu erfahren, wie viel Geld man nach zehn Jahren hätte, wenn man das Geld stattdessen gespart und angelegt hätte.

Bei unserem Beispiel wären das immerhin 13.160 Euro, die dem Kaffeetrinker nach zehn Jahren entgangen sind (17,50 Euro für Kaffee pro Woche × 752 = 13.160 Euro). Tägliche Gewohnheiten können also auf Dauer verdammt viel Geld kosten. Richtig teuer ist dabei auch das Rauchen oder die Mitgliedschaft im Fitnessstudio, das man seit zwei Jahren nicht mehr besucht hat.

Aber wie kommt die Zahl von 752 zustande? Der Finanzblogger nimmt an, dass man das gesparte Geld wöchentlich in einen breiten US-Aktienfonds anlegt, der jährlich eine Rendite von sieben Prozent erzielt, also in etwa so viel wie der Durchschnitt der vergangenen hundert Jahre. Nach zehn Jahren beträgt der Wert des gesparten Geldes dann das 752-Fache der wöchentlichen Ausgabe.

Natürlich ist diese Rechnung stark vereinfacht: Bei der wöchentlichen Anlage in Aktienfonds entstehen dem Sparer Order- und Transaktionskosten, die hierbei ebenso wenig berücksichtigt sind wie Steuern, die man gegebenenfalls auf seine Erträge zahlen muss. Auch könnte eine Durchschnittsrendite von sieben Prozent etwas zu hoch gegriffen sein. Dennoch finde ich es sinnvoll, diese Faustregel im Alltag im Hinterkopf zu behalten. Denn sie macht uns bewusst, was uns all die kleinen Ausgaben, die wir im Alltag so nebenbei tätigen, langfristig kosten.

Leicht abgewandelt kann man die Formel auch bei größeren Anschaffungen anwenden. Als ich kürzlich meine Familie in Darmstadt besucht habe, holte mich Yasin vom Bahnhof ab und präsentierte mir stolz seinen neuen Mini Cooper, für den er knapp 25.000 Euro bezahlt hatte. Nach den ersten zwei erfolgreichen Jahren bei einer Unternehmensberatung wollte er sich »mal was gönnen«.

Ich entgegnete halb im Scherz: »Ja, das hast du dir verdient, mein Lieber, aber du weißt schon, dass das Auto dich in der Rente knapp 140.000 Euro kostet?« Als er mich fragend anschaute, fuhr ich fort: »Diese Summe hättest du zum Rentenstart zusammen, wenn du 25.000 Euro zu fünf Prozent Zinsen für 35 Jahre angelegt hättest, statt es für ein schickes Auto zu verballern.« Mein Kumpel lachte und erwiderte: »Mag sein, aber dann müsste ich jeden Tag mit der S-Bahn zur Arbeit gurken.«

Natürlich will ich Yasin nicht den Kauf eines Autos absprechen, er braucht es, weil er damit täglich nach Frankfurt zur Arbeit fährt. Dennoch ist es sinnvoll, sich mal klarzumachen, was auf Dauer für große Summen zusammenkommen, wenn man Geld langfristig anlegt. Der Betrag von knapp 140.000 Euro wird nämlich durch den Zinseszinseffekt möglich, der nach vielen Jahren Wartens eine ungemeine Wucht entfaltet. Er gilt deshalb als eines der wichtigsten Investment-Grundkonzepte überhaupt.

Denn bei unserer Beispielrechnung gehen wir davon aus, dass die jährlichen Zinserträge immer wieder zusammen mit dem Startkapital angelegt werden. Die 1250 Euro Zinsen aus dem ersten Jahr sorgen also dafür, dass im nächsten Jahr schon 26.250 verzinst werden. Im dritten Jahr sind es 27.562,50 Euro und im nächsten 28.940,63 und immer so weiter. Die Zinserträge werden mit jedem Jahr größer. Auf diese Weise wächst das Vermögen über die Zeit an.

Aber bei dieser Beispielrechnung ist vorausgesetzt, dass der Sparer in jedem Jahr fünf Prozent Zinsen erhält – das ist nicht gerade wenig. Zur Erinnerung: Wenn man derzeit sein Geld zur Bank bringt, bekommt man so gut wie gar keine Zinsen. Ich erkläre deshalb im zweiten Kapitel, wie du dir durch eine langfristige Anlagestrategie auf Dauer solch hohe Zinsen sichern kannst.

Dann profitierst du vom genialen Zinseszinseffekt, der regelmäßige, kleine Zahlungen in große und lebensverändernde Summen verwandeln kann. Man muss nur durchhalten, denn vor allem zum Ende geht die Sache richtig ab.

Die Kraft des Zinseszinseffekts
Wachstum von 25.000 Euro bei 5 Prozent Zinsen

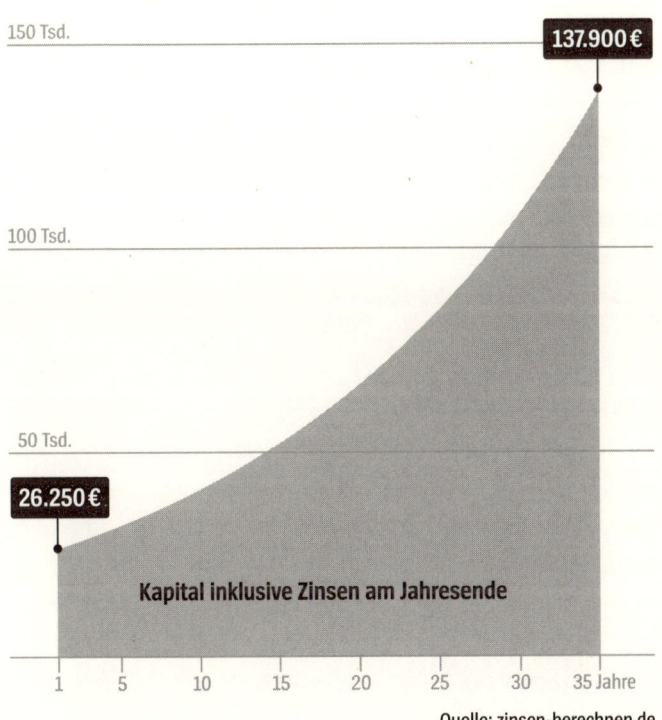

Quelle: zinsen-berechnen.de

Neben unnötigen alltäglichen Konsumausgaben wie dem Coffee to go können aber auch Fixkosten wie die Stromrechnung auf Dauer richtig teuer werden. Als ich zu Beginn meines Studiums in eine WG gezogen bin, war ich froh, dass sich meine Vormieter schon um alles gekümmert hatten: Für die Wohnung waren ein Strom- und ein Gastarif angemeldet, den ich problemlos mit meinem Mitbewohner übernehmen konnte. Alles gut also, dachte ich – Hauptsache, ich muss mich nicht durch irgendwelche Verträge wühlen. Vielen meiner Freunde, die studieren oder gerade ihr erstes Geld verdienen, geht es ähnlich. Sie sitzen auf Verträgen, die vor Jahren mal abgeschlossen wurden – und verschenken so viel Geld.

Denn durch den Wechsel des Stromanbieters kann man mehrere Hundert Euro im Jahr sparen. Dazu muss man nur auf einem Vergleichsportal wie Verivox oder Check24 seine Daten eingeben, die Kündigung übernimmt dann der neue Anbieter. Das kostet höchstens eine halbe Stunde Zeit – und man hat am Ende des Monats mehr Geld übrig. Noch mehr spart man, indem man auch den Gasanbieter wechselt, das geht genauso einfach.

Als ich kürzlich wieder meinen Gastarif wechseln wollte, bin ich auf das Cashback-Portal shoop.de gestoßen, mit dem man bei solchen Anbieterwechseln noch mehr Geld sparen kann. Der Anbieter gibt nämlich einen Teil der Provision vom Händler an uns Kunden weiter. Ich buchte also über die Seite einen neuen Gastarif und bekam zusätzlich als Bonus von Shoop achtzig Euro als Prämie ausgezahlt. Die Plattform lässt sich ebenfalls nutzen, um zum Beispiel bei Mediamarkt, H&M oder Saturn einzukaufen, einen Teil der Kaufsumme bekommt man dabei zurückerstattet, das Geld kann man sich auf sein Bankkonto überweisen lassen. Mit der Plattform lässt sich im Alltag richtig viel Geld sparen.

Genauso empfehlenswert ist das Start-up Aboalarm. Es hilft dabei, nervige Abos und Verträge zu kündigen und den Überblick über alle abgeschlossenen Verträge zu behalten. Die App verschickt vorgefertigte Kündigungsschreiben und hält die Nutzer über den Stand der Kündigung auf dem Laufenden. Dank der App muss man nicht mehr eigenständig Kündigungen schreiben und verschicken. Das spart Arbeit und gibt Kontrolle. Für Versand und Protokoll einer Kündigung berechnet Aboalarm aber Gebühren.

Ein weiterer Geldfresser ist der Handyvertrag. Die meisten haben bei einem Mobilfunkanbieter einen Vertrag inklusive Smartphone abgeschlossen. Doch diese Tarife sind über die Jahre gerechnet oftmals sehr teuer. Es ist viel günstiger, ein Handy preiswert zu kaufen und dazu separat einen Handyvertrag abzuschließen. Auf die typische Vertragslaufzeit von 24 Monaten gerechnet, ist der Einzelkauf eines Smartphones laut einer Berechnung des Finanzportals Finanztip durchschnittlich 19 bis 38 Prozent günstiger als ein Tarif der Netzbetreiber.

Die meisten Nutzer kommen mit einem Discounttarif für zehn bis fünfzehn Euro im Monat aus. Das macht im Vergleich zu einem Tarif der Netzbetreiber eine Ersparnis von 150 bis 300 Euro pro Jahr. Auch hier macht es Sinn, bei Shoop nach günstigen Aktionen Ausschau zu halten und Vergleichsplattformen im Internet anzusteuern.

Natürlich hat man keinen Spaß im Leben, wenn man ständig jeden Cent umdreht. Ich will dir gar nicht deinen täglichen Konsum absprechen. Du arbeitest hart für dein Geld, also kannst du es auch ausgeben. Außerdem ist die Frage berechtigt, ob es sinnvoll ist, in jungen Jahren eisern zu sparen, wenn man stattdessen sein Leben genießen könnte. Was bringt ein großes Vermögen im Alter, wenn man dann fast nichts mehr davon hat? Die deutsche Wirtschaft würde zudem vermutlich einbrechen, wenn wir alle unser Geld horten würden, anstatt es auszugeben, weil all die Unternehmen viel weniger Umsatz machen würden.

Ich möchte mit diesem Beispiel aber zeigen, dass es wichtig ist, unsere Konsumgewohnheiten zu überdenken – und einen Teil des Geldes langfristig anzulegen. Vielleicht hätte es für meinen Freund auch ein günstigeres Auto getan, oder er hätte mit einigen Nachbarn eine Fahrgemeinschaft gründen können, das würde die täglichen Fahrtkosten erheblich reduzieren (mal ganz abgesehen vom ökologischen Nutzen). Denn wer Geld im Alltag einspart, kann dieses anlegen und sich im Alter über stattliche Summen freuen. Ein heute 25-Jähriger, der Monat für Monat hundert Euro breit in den Aktienmarkt investiert und Jahr für Jahr eine Rendite von fünf Prozent erzielt, kann sich im Alter von 55 auf ein Vermögen von 111.320 Euro freuen. Auch hier kommt wieder der erstaunliche Zinseszinseffekt zum Tragen. (Wie das funktioniert, erkläre ich in Kapitel 2.)

Für gut verdienende Menschen ist sogar noch deutlich mehr drin, wenn sie bereit sind, mehr als hundert Euro im Monat zu sparen. Sparer können mit Tools wie einem Online-Sparrechner (zinsen-berechnen.de / sparrechner.php) selbst herumexperimentieren und schauen, wie viel Geld sie langfristig anhäufen können. Dazu brauchen sie nur das Sparvolumen anzugeben und die Renditen und Laufzeiten zu variieren. So bekommen sie ein Gefühl dafür, wie viel Geld sie im Monat sparen und welche Rendite sie erzielen müssen, um ihre Ziele zu erreichen.

Dabei wird deutlich: Wer lediglich fünf bis zehn Prozent seines Einkommens spart, wird es eher schwer haben, sich ein ansehnliches Vermögen aufzubauen (außer man erbt, gewinnt im Lotto oder verdient Millionensummen). Oder um es mit den Worten von Henry Ford zu sagen: »Man wird nicht reich durch das Geld, das man verdient, sondern durch das Geld, das man nicht ausgibt.«

Ich glaube, dass der Mittelweg für viele geeignet sein kann, bei dem junge Menschen so sparen, dass sie im Alltag nichts vermissen und dennoch später im Alter genug zum Leben haben. Im Endeffekt muss jeder selbst für sich entscheiden, wie viel er im Hier und Jetzt konsumieren will.

Egal, für welchen Weg du dich entscheidest, es ist auf jeden Fall sinnvoll, dass du dir einfach mal bewusst machst, wo Woche für Woche dein ganzes Geld hingeht – und was mit bescheidenen Sparsummen schon möglich ist. Gegen den täglichen Becher Kaffee ist sicher nichts einzuwenden, solange es eine bewusste Entscheidung ist.

Wer einmal seine Zahlen kennt, kann hinterher selbst überlegen, ob er lieber mehr fürs Essen ausgibt, für das neue iPhone oder für den Urlaub. Und wo er am einfachsten spart, um Geld für später zurückzulegen. Deshalb ist es sinnvoll, sich einen Überblick über seine Ausgaben zu verschaffen.

Acht Spartipps für den Alltag im Überblick

1. Wechsle einmal im Jahr deinen Strom- und Gasanbieter, dadurch kannst du mehrere Hundert Euro im Jahr sparen. Dazu musst du nur auf einem Vergleichsportal wie Verivox oder Check24 deine Daten eingeben, einen Tarif auswählen und ihn online beantragen. Das war's – die Kündigung übernimmt der neue Anbieter für dich. Leichter lässt sich kaum Geld sparen. Bei der Nutzung von solchen Portalen gilt es aber, vorsichtig zu sein, denn nicht immer arbeiten diese neutral und transparent. Beim Vergleich von Energie- und Telekommunikationstarifen zeigen viele Portale einzelne Angebote über dem eigentlichen Ranking an, auf der sogenannten Position 0. Die Portale erhalten dafür teilweise Zahlungen von den Anbietern und informieren den Verbraucher nur in einem kleinen Hinweis, dass es sich um Werbung handelt. (Mehr zu den Tricks der Vergleichsportale erfährst du im Kapitel zum Thema Kredit.)
2. Handyverträge werden seit Jahren immer günstiger. Trotzdem halten viele Kunden aus Bequemlichkeit an ihrem alten Tarif fest. Dabei lohnt sich ein Wechsel oft wirklich. Wie viel du sparen kannst, erfährst du zum Beispiel im Mobilfunkrechner von Finanztip: https://www.finanztip.de/handyvertrag
3. Auch mit dem Wechsel deines Internet- und Telefonanbieters lässt sich viel Geld sparen. Mit einem Online-Tarifvergleich findest du mühelos innerhalb weniger

Minuten heraus, ob du aktuell viel zu viel zahlst. Wenn du auf Zusatzleistungen wie eine Telefonflatrate oder extraschnelles Internet verzichtest, bekommst du natürlich noch günstigere Tarife. Der Anbieterwechsel ist ganz einfach online möglich und in wenigen Minuten erledigt. Eine Unterbrechung deiner Internetverbindung gibt es beim Wechsel nicht, denn die Versorger müssen einen unterbrechungsfreien Übergang garantieren.

4. Gib einmal im Jahr eine Steuererklärung ab, auch wenn grundsätzlich dein Arbeitgeber die Steuern für dich abführt. Das lohnt sich für viele Arbeitnehmer, selbst wenn sie gar nicht dazu verpflichtet sind. In neun von zehn Fällen gibt es eine Steuererstattung – durchschnittlich rund 1000 Euro. Mehr dazu erfährst du im Kapitel zum Thema Steuern.

5. Es kann sich auch finanziell für dich lohnen, wenn du zukünftig deine Lebensmittel online einkaufst, statt in den Laden zu gehen. Denn durch die Suchfunktionen findest du online viel schneller und einfacher das günstigste Produkt. In einem normalen Supermarkt sind die Produkte meist so platziert, dass du intuitiv nicht zum billigsten greifst. Außerdem kaufst du im Online-Supermarkt gezielt nur die Produkte, die du wirklich brauchst. Im normalen Supermarkt kauft man stattdessen mehr, als auf der Einkaufsliste steht. Für Neukunden gibt es obendrein oftmals Rabattgutscheine.

6. Melde dich kostenlos beim Cashback-Dienst Shoop.de an. Von diesem Portal kannst du direkt zum gewünschten Online-Händler surfen und dort bestellen. Der Anbieter

gibt einen Teil der Provision vom Händler an dich weiter. Nach einigen Wochen wird ein Teil der Kaufsumme als Rückzahlung freigegeben und auf dein Bankkonto überwiesen. Das klappt auch beim Strom- und Gasanbieterwechsel.

7. Beim Online-Shopping empfiehlt es sich, Preisvergleichsportale wie idealo.de, billiger.de und geizhals.de anzusteuern und zu schauen, welcher Shop am günstigsten ist.
8. Solltest du bei hotels.com einen höheren Preis angeboten bekommen als bei bekannten Plattformen wie booking.com, empfiehlt es sich, beim Anbieter per Mail eine sogenannte Preisgarantie-Anfrage zu stellen und um eine Erstattung der Preisdifferenz zu bitten. Die Betreiber lassen sich darauf ein, wenn du den niedrigeren Preis mit einem Screenshot belegen kannst: Dann bekommst du den günstigsten am Markt verfügbaren Preis.

Warum Arbeitskraft so wichtig ist

Neben deinen Ausgaben im Alltag solltest du dich auch unbedingt mit deinen Einnahmen beschäftigen. Der wichtigste Vermögenswert bist nämlich du selbst, oder besser gesagt deine Arbeitskraft. Finanzexperten sprechen vom Humankapital, also die Summe deiner Fähigkeiten, mit denen du Geld verdienen kannst. Es geht um die Frage, wie viel Ertrag sich aus deinen individuellen Fähigkeiten und erworbenen Qualifikationen generieren lässt. Denn nicht umsonst bist du in die Schule gegangen, hast eine Ausbildung gemacht oder ein Studium absolviert.

Das Humankapital ist dabei untrennbar mit dir verbunden. Denn Sachwerte sind vergänglich, Aktien zum Beispiel können im Wert sinken, Häuser können einstürzen, Bargeld kann gestohlen werden. Unser Wissen aber bleibt erhalten, selbst wenn wir alle unsere Besitztümer verlieren sollten. Im schlimmsten Fall lässt sich mit unserer gesammelten Erfahrung und unserer Expertise etwas Neues aufbauen. Es ist also wichtig, sich mit seinem Humankapital zu beschäftigen – und es in seine langfristige Anlagestrategie mit einzubeziehen.

Dabei gilt: Je höher das Humankapital, desto höher dein Einkommen und desto günstiger die Voraussetzung, um Geld zu sparen, das du anlegen kannst. Bessere Bildung führt deshalb in der Regel zu überdurchschnittlich hohen und sicheren Einkünften und Vermögen. Ungelernte erwirtschaften laut einer Studie des Nürnberger Instituts für Arbeitsmarkt- und Berufsforschung (IAB) in ihrem gesamten Berufsleben gut eine Million Euro. Wer hingegen eine Berufsausbildung vorweisen kann, verdient im Schnitt 1,3 Millionen Euro. Männer und Frauen mit einem Uni-Abschluss bringen es sogar auf 2,3 Millionen Euro. Wer dieses millionenschwere Potenzial nicht nutzt, dürfte es schwer haben, sich ein Vermögen aufzubauen.

Bevor man sich mit dem langfristigen Vermögensaufbau beschäftigt, sollte man sich deshalb mit seinem Gehalt und seiner beruflichen Situation auseinandersetzen. Denn nur dann wissen wir, was wir wirklich wert sind und wie unsere finanzielle Absicherung im schlimmsten Fall aussieht. Das ist wichtig, wenn wir eine nachhaltige Strategie zum Vermögensaufbau festlegen. Dabei sollte man sich zunächst einmal fragen, ob man einen sicheren, festen Job hat. Denn wer bei einem guten Arbeitgeber fest im Sattel sitzt, kann bei der Geldanlage ein höheres Risiko verkraften als ein Freelancer, der sich von Projekt zu Projekt hangelt.

Wichtig ist auch, sich die Frage nach der eigenen Gesundheit zu stellen. Denn um auf Dauer unser Potenzial auszuschöpfen und Geld zu verdienen, müssen wir nun mal gesund sein. Das mag sich banal anhören, aber wer schlecht mit seinem eigenen Körper umgeht und sich damit einem höheren Risiko zu erkranken aussetzt, wird darunter auch finanziell leiden.

Die Sicherung unseres Einkommenspotenzials ist absolut

vorrangig und wichtig, um die eigenen finanziellen Ziele zu erreichen. Nur Menschen, die große Summen erben oder im Lotto gewinnen, können ihr Humankapital vernachlässigen. Doch die meisten müssen es aus eigener Kraft schaffen und sind darauf angewiesen. Es ist also sinnvoll, dass wir alle ständig in unser Humankapital investieren, um auf lange Sicht mehr aus unseren Fähigkeiten herauszuholen. Das könnte zum Beispiel bedeuten, dass man sich neben seinem Beruf weiterbildet und mit den eigenen Finanzen beschäftigt. Denn wer Geld anlegt und daraus ein zusätzliches Einkommen durch Zinsen erwirtschaftet, ist in Zukunft weniger abhängig von seinem Arbeitgeber. Diesen Weg können auch Menschen gehen, die keine riesigen Summen verdienen. Mit dem Kauf dieses Buches hast du bereits eine erste Investition in dein Humankapital getätigt, weil du dich entschlossen hast, deine Finanzen in die Hand zu nehmen.

Ein anderer Weg, dein Humankapital zu erhöhen, wäre zum Beispiel, Fortbildungsmöglichkeiten zu nutzen, die dich in deinem Beruf weiterbringen. Das könnte bei der nächsten Gelegenheit zu einem höheren Gehalt führen. Mein ehemaliger Mitbewohner, der an einer Förderschule als Lehrer arbeitet, hat kürzlich an einem Moderationsseminar teilgenommen und führt nun abends nach der Arbeit durch kleinere Veranstaltungen, wofür er ein Honorar gezahlt bekommt.

Eine dritte Möglichkeit wäre, neben dem Beruf ein Hobby zu betreiben, das du zu Geld machen kannst. Freunde von mir vermieten zum Beispiel ab und zu ein Zimmer ihrer Wohnung bei Airbnb, andere wiederum geben Stunden als Tennislehrer, um ihre Haushaltskasse aufzubessern.

Ich meine damit nicht, dass wir uns zusätzlich zu unserem

Hauptjob noch einen Zweitjob draufpacken sollten, um ein paar Euro dazuzuverdienen. Denn wer sich halb totarbeitet, wird weniger leistungsfähig in seinem Hauptberuf und wird auf Dauer ziemlich unglücklich. Mir geht es eher darum, bei dir ein Bewusstsein dafür zu schaffen, dass du dein Humankapital, dein Wissen, nutzen kannst, um dich breiter aufzustellen, weiterzubilden und so weniger abhängig von deinem Arbeitgeber zu machen. Denn damit steigert man seinen Wert und seine Verhandlungsposition.

Meine Eltern sind noch in einer Welt aufgewachsen, in der Arbeitnehmer bis zur Rente bei einem Konzern angestellt waren und so ein auskömmliches Leben führen konnten. Aber diese Zeiten sind vorbei. Selbst topausgebildete Absolventen hangeln sich heutzutage von einem befristeten Vertrag zum nächsten. Eine wirkliche Sicherheit gibt es nicht. Es ist deshalb entscheidend, dass wir uns bewusst machen: Wir sind in der Lage, mit unseren Fähigkeiten Geld zu verdienen, das sich nicht aus unserem Job speist.

Wir können unser Humankapital auch nutzen, um alternative Lebensmodelle möglich zu machen. Inzwischen gibt es viele junge Leute, die eine reduzierte Stelle in einem Unternehmen haben und nebenher freiberuflich mit ihrem Hobby Geld verdienen. Kürzlich erzählte mir meine Freundin Kira von einem Mitarbeiter eines Hamburger Start-ups, der pro Woche nur dreißig Stunden arbeitet. Die restliche Zeit investiert er in sein Bandprojekt und lebt seinen Traum.

Andere junge, gut ausgebildete Menschen gehen einen anderen Weg: Sie geben Gas und arbeiten hart, damit sie vorzeitig aus dem Beruf aussteigen können: Sie träumen von finanzieller Unabhängigkeit. Sie haben das Ziel, früher aus dem Beruf auszusteigen, als es die gesetzliche Rente vorsieht, um sich dann Zeit für Dinge zu nehmen, die ihnen wirklich Spaß machen: reisen, Zeit mit der Familie verbringen oder sich selbst verwirklichen. Auch das klappt nur, wenn man sein Humankapital von Beginn an konsequent nutzt.

Ich bin mir sicher, dass wir alle in unserer Schul- oder Studienzeit Unmengen an Wissen angehäuft haben, das wir niemals wieder gebraucht haben. Wissen über Geldanlage braucht aber jeder, deshalb lohnt es sich, dass wir uns darüber informieren. Finanzielle Kenntnisse zahlen sich nämlich sofort aus und helfen im Leben weiter. Außerdem sind Investitionen in die persönliche Bildung extrem renditestark – denn niemand besteuert den Gewinn, den du aus Weiterbildung & Co erzielst.

Und außerdem gilt: Wenn wir irgendwann mit dem Lernen aufhören, wird es uns sehr viel schwerer fallen, damit wieder anzufangen. Je älter wir werden, desto schwerer fällt es uns, uns neues Wissen anzueignen. Daher trägt die Investition ins Humankapital auch zum Ausbau dieser Fähigkeit bei und hält das Gehirn jung. Denn wenn wir uns darum bemühen, etwas zu lernen, das wir noch nicht können und das vielleicht auch gar nicht zu unserer Kernkompetenz passt, so führt das zwangsweise dazu, dass wir unseren Horizont erweitern. Und damit gerätst du in einen positiven Teufelskreis. Wenn du dir mehr zutraust, wirst du dich auch mit schwierigeren Problemen und Aufgaben auseinandersetzen und daran wiederum wachsen. Dies stärkt dein Selbstbewusstsein weiter.

Also investiere in dich selbst, kauf dir Bücher, nimm an Online-Kursen teil oder tausche dich mit Freunden aus. So kommst du deinen Zielen ein Stück näher.

So verstehst du endlich deine Gehaltsabrechnung

Was ist unsere Arbeitskraft eigentlich genau wert? Die meisten Menschen, die ich kenne, schauen sich ihren Gehaltszettel nie genau an. Sie überprüfen vielleicht kurz, ob das Gehalt mit dem übereinstimmt, was ihnen mal vom Chef versprochen wurde, und werfen einen Blick auf die finale Auszahlung auf dem Girokonto. Dann verschwindet der Gehaltszettel im Ordner.

Auch ich habe meine Abrechnung während der ersten Berufsjahre immer direkt zur Seite gelegt, weil ich die kryptischen Rechenwege und das Bürokratendeutsch nicht verstanden habe. Außerdem war es mir lästig, mich damit zu beschäftigen.

Es ist aber sehr zu empfehlen, dass sich vor allem Berufseinsteiger zumindest einmal im Jahr in Ruhe ihre Abrechnung anschauen. Es geht immerhin um bares Geld, wenn bei der Berechnung Fehler gemacht wurden, die das Nettogehalt verändern könnten.

Zudem bekommen Berufstätige ein Gefühl dafür, wie der deutsche Sozialstaat funktioniert, weil sie nachvollziehen, wofür all die Gehaltsabzüge verwendet werden. Das Verständnis ist wichtig, wenn wir bei politischen Debatten über Steuern oder Sozialabgaben mitreden wollen.

Maries Lohnabrechnung

Quelle: DATEV AG

Abrechnung der Brutto/Netto-Bezüge					für Januar 2018							21A/21	407301/10009/14		
													22.10.2018	Blatt:	1
Personal-Nr.	Geburtsdatum	St/K	Faktor	Ki.Frbtr.	Konfession	Freibetrag jährl. [1]	Freibetrag mtl. [1]	DBA	Gleitzone		St.-Tg.	VJ Url. üb.	Url. Anspr.	Url.Tg.gen.	Resturlaub
00014	270196	1			ev						30		300		300
SV-Nummer			Krankenkasse					KK % [8]	PGRS	BGRS	Um. SV-Tg.	Anw. Tage	Urlaub Tage	Krankh. Tage	Fehlz. Tage
68270196MXXX			EK Techniker-Krankenka					1550101	1111	2	30				
								Eintritt		Austritt		Anw. Std.	Urlaub Std.	Krankh. Std.	Fehlz. Std.
Young Money GmbH								010118							
Musterstraße 1								Steuer-ID			MFB [7]	Zeitlohn Std.	Überstd.	Bez. Std.	
90329 Nürnberg								09876354281							
			Pers.-Nr. 00014				B/N 21	Hinweise zur Abrechnung							

Herrn/Frau

Marie Muster McMoney
Musterstraße 10
90429 Nürnberg

Brutto-Bezüge

Lohnart	Bezeichnung	Einheit [2]	Menge [3]	Faktor [3]	Prozentsatz	St [4]	SV [4]	GB [5]	Betrag
010	Festbezug Lohn/Gehalt					L	L	J	2.700,00
051	Jobticket ST+SV frei					F	F	J	25,00

Steuer/Sozialversicherung

								Gesamt-Brutto
St [4]	Steuer-Brutto	Lohnsteuer	Kirchensteuer	Solidaritätszuschlag				**2.725,00** ❶
L	2.70000	35058 ❷	2804 ❸	1928 ❹				Steuerrechtliche Abzüge
								397,90 ❺
SV [4]	KV-Brutto	RV-Brutto	AV-Brutto	PV-Brutto	KV-Beitrag	RV-Beitrag	AV-Beitrag	PV-Beitrag [6]	SV-rechtliche Abzüge
L	2.70000	2.70000	2.70000	2.70000	22140 ❻	25110 ❼	4050 ❽	3443 ❾	**547,43** ❿

Verdienstbescheinigung

				Netto-Bezüge/Netto-Abzüge			
							Netto-Verdienst
Gesamt-Brutto	2.72500	SV-Brutto	2.70000				1.779,67
Steuer-Brutto	2.70000	KV-Beitrag	22140	Nr.	Bezeichnung		Betrag
Lohnsteuer	35058	RV-Beitrag	25110	9002	Jobticket		25,00-
Kirchensteuer	2804	AV-Beitrag	4050				
Solidaritätszuschlag	1928	PV-Beitrag	3443				
Steuerfreie Bezüge	2500	VWL gesamt					
P. verst. Zuk.sich.		Kug-Auszahlung					
Pfändung Rest							
Darlehen Rest							

Bank	Commerzbank CC Nürnberg		SV-AG-Anteil	Zus. AG-Kosten	Gesamtkosten	Auszahlungsbetrag
Konto	DE06 7604 0060 0001 2XXX XX		52313			**1.754,67** ⓫

[1] H = Hinzurechnungsbetrag
[2] Std = Stunden, T = Tage, Km = Kilometer, St = Stück EUR = Euro, Tsd = Tausend Euro, Mio = Million Euro
[3] Gegebenenfalls Netto-Lohn/Netto-Stundenlohn
[4] L = Laufender Bezug, S = Sonstiger Bezug, F = Frei, E = Einmalbezug, P = Pauschalierung, A = Abfindung, M = mehrjährige Versteuerung, N = Nachberechnung V = Vorjahr, W = Entgeltguthaben
[5] J = Bestandteil des Gesamt-Bruttos
[6] Z = Einschl. Beitragszuschlag zur PV für Kinderlose
[7] MFB = Mehrfachbeschäftigung
[8] Maßgeblicher Beitragssatz zur KV inkl. Zusatzbeitrag

AFP Form.-Nr. LOGN14   - Dies ist eine Entgeltbescheinigung nach § 108 Abs. 3 Satz 1 der Gewerbeordnung -

DATEV

Wir schauen uns deshalb die Gehaltsabrechnung einer fiktiven Berufseinsteigerin an und gehen sie gemeinsam Schritt für Schritt durch. Unsere Beispielperson nennen wir Marie McMoney. Sie ist 22 Jahre alt und arbeitet als Bürokauffrau bei der Young Money GmbH. Ihre Gehaltsabrechnung für Januar 2018 hat der Dienstleister Datev am 22. Oktober 2018 erstellt. Die Regierung kann die Höhe der Sozialabgaben im Laufe der Zeit natürlich verändern, in den vergangenen Jahren sind die Beiträge aber annähernd gleich geblieben.

❶ *Bruttobezüge*
Marie verdient als Berufseinsteigerin **2700 Euro brutto** im Monat. Zusätzlich übernimmt ihr Arbeitgeber die Kosten für ihr ÖPNV-Ticket in Höhe von **25 Euro**. Der Betrag wird zum Bruttogehalt addiert und am Ende wieder vom Nettolohn abgezogen, da die Firma das Ticket automatisch für den Mitarbeiter bezahlt und ausstellt (siehe Punkt 11). Da die Fahrkarte weniger als 44 Euro monatlich kostet, muss Marie diesen sogenannten Sachbezug nicht versteuern.

❷ *Lohnsteuer*
Von ihrem Bruttogehalt muss Marie **350,58 Euro** Lohnsteuer zahlen – es ist der größte Abzug, den die Berufseinsteigerin monatlich verkraften muss. Als Single ist Marie der Lohnsteuerklasse I zugeordnet. Die Höhe der Lohnsteuer hängt in Deutschland außerdem von der Höhe des Einkommens ab: Wer mehr verdient, muss auch mehr Steuern zahlen. Marie zahlt bei einem Jahresbruttoeinkommen von 32.400 Euro rund 13 Prozent Lohnsteuer:

12,98 % (Lohnsteuer) von **2700 Euro** (Bruttoeinkommen)
= **350,58 Euro**

❸ *Kirchensteuer*

Marie ist evangelisch, also muss sie Kirchensteuer zahlen. Die Kirchen finanzieren mit diesem Geld etwa ihr Personal, den Erhalt von Kirchen und karitative Zwecke wie Pflegedienste.

Die Höhe des Abzugs hängt zum einen vom Gehalt und zum anderen vom Bundesland ab, in dem der Arbeitnehmer tätig ist. Marie arbeitet in Bayern:

8 % (Kirchensteuer) von **350,58 Euro** (Lohnsteuer)
= **28,04 Euro**

❹ *Solidaritätszuschlag (Soli)*

Seit 1991 zahlen deutsche Arbeitnehmer einen Solidaritätszuschlag, der auch als Soli bekannt ist. Er dient als Zusatzabgabe, um die deutsche Einheit zu finanzieren. Marie muss dafür 5,5 Prozent der Lohnsteuer an das Finanzamt abgeben:

5,5 % (Solidaritätszuschlag) von **350,58 Euro** (Lohnsteuer)
= **19,28 Euro**

❺ *Steuerrechtliche Abzüge*

Insgesamt belaufen sich Maries steuerrechtliche Abzüge damit auf:

350,58 Euro (Lohnsteuer) + **28,04 Euro** (Kirchensteuer)
+ **19,28 Euro** (Solidaritätszuschlag) = **397,90 Euro**

❻ *Krankenversicherung (KV)*

Die Krankenversicherung in Deutschland ist eine sogenannte Pflichtversicherung, weil sie für alle Menschen gesetzlich vorgeschrieben ist. Ab einer bestimmten Einkommensgrenze (4950 Euro im Monat) kann man selbst entscheiden, ob man sich bei einer gesetzlichen oder einer privaten Krankenkasse versichert.

Marie ist gesetzlich versichert und der Beitrag ihrer Krankenkasse liegt bei 15,5 Prozent. Der Beitragssatz, der von Arbeitnehmer und Arbeitgeber zu gleichen Anteilen übernommen wird, liegt bei 14,6 Prozent. Zusätzlich muss Marie einen Zusatzbeitrag von 0,9 Prozent übernehmen, sodass sie insgesamt 8,2 Prozent ihres Gehalts für die Krankenkasse zahlt.

8,2 % (Krankenkassenbeitrag) von **2700 Euro** (Gehalt)
= **221,40 Euro**

❼ *Rentenversicherung (RV)*

Deutsche Arbeitnehmer sind verpflichtet, in die gesetzliche Rentenversicherung einzuzahlen. Damit haben sie im Alter einen Anspruch auf Rente. Marie zahlt dafür einen Beitrag von 9,3 Prozent ihres Bruttolohns, ihr Arbeitgeber zahlt den Betrag in gleicher Höhe. Sie teilen sich also die insgesamt 18,6 Prozent Rentenbeitragssatz zu gleichen Teilen.

9,3 % (Beitrag für die Rentenversicherung) von **2700 Euro** (Gehalt) = **251,10 Euro**

❽ Arbeitslosenversicherung (AV)

Damit Marie im Falle der Arbeitslosigkeit abgesichert ist und Arbeitslosengeld beziehen kann, muss sie monatlich einen Beitrag in Höhe von 1,5 Prozent für die Arbeitslosenversicherung zahlen. Auch hier übernimmt ihr Arbeitgeber die andere Hälfte der insgesamt drei Prozent.

1,5 % (Beitrag zur Arbeitslosenversicherung)
  von **2700 Euro** (Gehalt) = **40,50 Euro**

❾ Pflegeversicherung (PV)

Wer irgendwann einmal pflegebedürftig wird, braucht Hilfe. Deshalb gibt es die Pflegeversicherung. Der Beitragssatz beträgt einheitlich 2,55 Prozent. Auch diese Beiträge teilen sich Marie und ihr Arbeitgeber:

1,275 % (Beitrag zur Pflegeversicherung) von **2700 Euro**
  (Gehalt) = **34,43 Euro**

❿ Sozialversicherungsrechtliche Abzüge (SV-rechtliche Abzüge)

Insgesamt belaufen sich Maries sozialversicherungsrechtliche Abzüge damit auf:

221,40 Euro (Krankenversicherung) + **251,10 Euro**
  (Rentenversicherung) + **40,50 Euro** (Arbeitslosenversicherung) + **34,43 Euro** (Pflegeversicherung)
  = **547,43 Euro**

⓫ *Auszahlungsbetrag*

Damit bleibt Marie ein Nettoeinkommen von **1779,67 Euro**. Abzüglich der Kosten für das ÖPNV-Ticket (siehe Punkt 1) bekommt Marie **1754,67 Euro** auf ihr Konto überwiesen. Das entspricht rund 65 Prozent ihres Bruttolohns.

KAPITEL 2:
Konto & Kredit

Wie du ein gutes Girokonto finden kannst – mit Checkliste für Faule

Bei den meisten meiner Freunde fließt das Gehalt direkt auf das Konto, das sie seit Kindheitstagen besitzen. Doch das muss nicht immer die beste Lösung sein: Ich habe kürzlich nach vielen Jahren mein Sparkassen-Konto gekündigt. Ich war mit dieser Bank aufgewachsen, wurde wie viele andere Heranwachsende mit dem Knax-Club geködert. Das Comic-Heftchen mit lustigen Bildern gab's zur Kontoeröffnung gratis dazu. Die Bank stand für mich von Beginn an für Vertrauenswürdigkeit und guten Service. Ich war immer zufrieden, nutzte auch als Student gerne das Girokonto, weil die Sparkasse das größte Automatennetz in Deutschland hat und ich so immer an Bargeld kam. Auch der angebotene Online-Banking-Service war in Ordnung.

Doch irgendwann bemerkte ich zufällig beim Blick auf meine Kontoauszüge, dass mir monatlich Geld für das Konto berechnet wurde, immerhin 7,90 Euro pro Monat, also knapp hundert Euro im Jahr. Vermutlich hatte die Bank mir mal nach meinem Berufseinstieg einen Brief geschrieben und mich darauf hingewiesen, dass für mich als Berufseinsteiger das Konto nicht mehr kostenfrei sei. Doch wie so oft ging der Brief im Alltag unter.

Den meisten meiner Freunde geht es ähnlich. Sie sind seit Kindheitstagen Kunde bei klassischen Filialbanken und wissen oft nicht einmal, dass sie monatlich dafür zahlen. Wenn ich sie darauf anspreche, warum sie dort ein Konto haben, sagen sie Sätze wie: »Ich bin da halt schon immer«, oder: »Kein Bock, mich darum zu kümmern.« Auch Umfragen zeigen: Nur jeder zehnte Kunde spielt überhaupt mit dem Gedanken, die Bank zu wechseln, noch weniger sind es, die dann wirklich gehen.

Doch das kann teuer werden: In den vergangenen Jahren haben viele Banken ihre Kontogebühren drastisch erhöht und denken sich immer neue Möglichkeiten aus, um beim Kunden abzukassieren: Damit die Gebührenerhöhungen nicht so auffallen, haben sich viele Banken und Sparkassen ein teilweise kompliziertes System aus verschiedenen Kontomodellen einfallen lassen: vom Premiumkonto mit allen Extras und hoher Grundgebühr bis zum Billigkonto, bei dem der Kunde für jede Überweisung extra zahlen muss. Die Berliner Sparkasse etwa bietet als günstigstes Grundmodell das Giro Individual an, für das pro Monat nur ein Euro Grundgebühr fällig wird. Dafür kostet jedes Geldabheben am Automaten dreißig Cent extra. Nicht jeder Kunde weiß das.

Dahinter steckt in der Regel keine böse Willkür, sondern oft schlicht Not. Durch die dauerhaften Niedrigzinsen haben die Banken deutlich weniger Möglichkeiten, mit den Kundenguthaben Geld zu verdienen, weil es auch für sie kaum rentable Anlagemöglichkeiten gibt. Ihr Gewinn ist zu klein geworden, um daraus die Dienstleistungen zu finanzieren, die die meisten Banken und Sparkassen anbieten: Beratung in der Filiale, ein Netz von Geldautomaten und den ganz normalen Zahlungsverkehr.

Es ist also sinnvoll, über einen Wechsel nachzudenken: Zum einen lässt sich mit einem vernünftigen Konto auf Dauer viel Geld sparen, und zum anderen stellt es für jeden den Einstieg zum richtigen Umgang mit dem eigenen Geld dar. Denn wer sich schon nicht um ein vernünftiges Girokonto kümmert, wird sich auch eher nicht mit größeren Themen wie Geldanlage und Investieren beschäftigen. Die Auswahl eines guten und günstigen Girokontos sollte so etwas sein wie der erste Schritt auf dem Weg zum finanziellen Glück.

Ich bin zu einer Direktbank ohne Filialen gewechselt, mit der ich in ganz Europa kostenlos Geld abheben kann und mit der ich alle Bankgeschäfte mobil auf meinem Smartphone abwickeln kann. Nach Lust und Laune öffne ich die schicke App und sehe mir meinen Ausgabenverlauf an. So macht der Umgang mit dem eigenen Geld sogar Spaß.

Und wenn ich ein Problem mit einer Überweisung habe oder eine Abbuchung nicht verstehe, kontaktiere ich meinen Kundenbetreuer per Telefon. Das geht meiner Erfahrung nach schneller, als in eine Filiale zu rennen und dort in einer Schlange zu stehen.

Ob sich der Kontowechsel von einer Bank zur anderen lohnt, kannst du selbst für dich beantworten. Diese drei Dinge solltest du beachten:

1. Menschen, die es vorziehen, ab und zu in eine Filiale zu gehen, um eine Papierüberweisung zu tätigen, sich einen Kontoauszug auszudrucken oder mit einem Bankberater zu sprechen, müssen sich von vornherein auf höhere Kontokosten einstellen. Denn die Bank muss Ladenmiete

und das Personal vor Ort bezahlen. Echte Null-Euro-Konten gibt es heute nur noch bei Direktbanken.
Zu diesen Banken sollten Kunden wechseln, die ihre Bankgeschäfte nur noch online oder mobil erledigen. Zur Auswahl stehen: DKB, ING, Comdirect, Norisbank, Consorsbank und N26. Diese Geldinstitute betreiben Bankgeschäfte ohne eigenes Filialnetz. Sie finanzieren sich in der Regel darüber, dass sie Kunden neben dem Girokonto noch andere Finanzprodukte verkaufen. Doch auf diese Angebote musst du natürlich nicht eingehen.
2. Kunden von Filialbanken können nur an Automaten Geld abheben, die zu ihrem Bankenverbund gehören, sonst müssen sie hohe Gebühren zahlen. Auch das ist bei den Direktbanken bequemer: Bei diesen gibt's inzwischen eine kostenlose Kreditkarte (die man natürlich nicht nutzen muss) dazu, mit der man an jedem Automaten in Deutschland Geld abheben kann. Kunden müssen also nicht mehr den passenden Automaten finden, sondern können jeden nehmen, den sie auf der Straße sehen, der über ein Visa-Zeichen verfügt.
3. Mit der Kreditkarte lässt sich auch kostenlos Geld im Ausland abheben. Bei einigen Banken gilt dieser Service sogar weltweit, bei anderen nur in Europa.

Die Angebote der Direktbanken sind oftmals sehr ähnlich, weil sie im starken Wettbewerb zueinander stehen. Wenn du häufiger dein Konto überziehst, solltest du aber auf den Zinssatz des Dispokredits achten, denn dieser ist bei den Banken unterschiedlich hoch.

Checkliste für Faule:
In acht Schritten zum günstigen Girokonto

1. Die besten Girokonten findest du auf der Website der Stiftung Warentest, die regelmäßig einen Girokonto-Test veröffentlicht. Die Testberichte kosten einige wenige Euro, dafür hast du aber die Sicherheit, dass die Ergebnisse vollkommen unabhängig und seriös sind. Denn die Stiftung Warentest finanziert sich mittels staatlicher Zuwendungen und den Verkäufen ihrer Publikationen und ist damit nicht abhängig von Provisionen der Anbieter. Auch kannst du eine kostenlose Vergleichsplattform wie Check24 oder Verivox ansteuern. Das ist natürlich deutlich bequemer, hierbei gilt es aber, vorsichtig zu sein. (Auf welche Tricks der Vergleichsportale du achten solltest, erfährst du im Kapitel zum Thema Kredit.)
2. Hast du dich für eine Bank entschieden, steuerst du direkt die Website der Bank deiner Wahl an und klickst auf den Button »Konto eröffnen«. Gib dort deine Daten ein und sende den unterschriebenen Vertrag an die Bank.
3. Nun musst du deine Identität nachweisen. Das geht entweder in einer Postfiliale mit dem Postident-Verfahren oder über eine Videoverbindung zur Bank. Dabei musst du deinen Personalausweis in die Kamera halten. Meistens dauert die Verifikation nur wenige Minuten.
4. Dann trudeln die Zugangsdaten, die Karten und dazugehörigen PIN-Nummern in unterschiedlichen Briefen bei

dir ein. Die Banken handhaben das so, damit das Konto von Anfang an vor Kriminellen geschützt ist.

5. Den Papierkram haben die Banken selbst zu erledigen, auf deinen Wunsch muss deine neue Bank alle Geschäftspartner – ob Stromanbieter, Internetanbieter oder Versicherer – über die neue Kontoverbindung informieren.
6. Noch schneller geht es, wenn du dich bei den Anbietern selbst online einloggst und dort deine neue Kontoverbindung hinterlegst. Dann ist das neue Konto direkt nach Eröffnung einsatzfähig.
7. Nachdem alle Zahlungspartner benachrichtigt wurden, empfiehlt es sich, noch etwa zwei bis drei Monate abzuwarten und die beiden Girokonten parallel laufen zu lassen. Auf diese Weise kann sichergestellt werden, dass du keinen Posten vergessen hast.
8. Sobald dein neues Girokonto eingerichtet ist, kannst du dein altes Konto kündigen. Dafür ist lediglich ein formloses Schreiben nötig, das deinen Namen, die bisherige Kontonummer und den Kündigungswunsch enthält. Zudem sollte die neue Kontoverbindung angegeben werden, damit die Bank die Möglichkeit hat, eventuelles Restguthaben auf dein neues Konto zu überweisen.

So sicherst du dir einen Notgroschen für schlechte Tage – mit Checkliste für Faule

Neben einem kostenlosen Girokonto sollte jeder ein Tagesgeldkonto haben. Es eignet sich gut, um dort eine Geldreserve zu parken, an die man kurzfristig schnell herankommt. Die meisten Finanzexperten empfehlen, dort rund drei Nettomonatsgehälter aufzubewahren. Geld auf dem Tagesgeldkonto ist jederzeit verfügbar und wird im Gegensatz zum Girokonto oder Sparbuch verzinst. Das Tagesgeldkonto ist also so etwas wie die moderne, smarte Variante eines klassischen Sparbuchs.

Ein weiterer Unterschied zu einem normalen Konto liegt darin, dass man seine Ausgaben und Einnahmen nicht über ein Tagesgeldkonto bestreitet. Man kann deshalb Geld vom Tagesgeldkonto nur auf sein Girokonto überweisen, das sogenannte Referenzkonto, nicht aber auf andere Konten. Deshalb eignet sich Tagesgeld nicht für den täglichen Zahlungsverkehr. Doch das ist auch der Sinn: Denn dort können Sparer Beträge getrennt von den laufenden Einnahmen und Ausgaben aufbewahren, sie verringern also die Gefahr, das Geld im Alltag auszugeben.

In Deutschland erhalten Sparer auf Tagesgeld derzeit einen durchschnittlichen Zinssatz von 0,17 Prozent (Stand Juni 2019). Bei einer Anlagesumme von 10.000 Euro erhalten Sparer also

Zinsen in Höhe von siebzehn Euro pro Jahr. Nicht gerade viel, aber immerhin mehr, als man bei einem Sparbuch bekommt.

Neukunden erhalten zudem oft einen deutlich höheren Aktionszins für mehrere Monate, sodass sich das Eröffnen eines Tagesgeldkontos für dich auf jeden Fall lohnt, wenn du bisher dein Erspartes auf einem Girokonto oder Sparbuch liegen hattest.

Was man dabei auch im Hinterkopf behalten sollte: Die Preise von Produkten und Dienstleistungen steigen im langfristigen Durchschnitt pro Jahr um knapp zwei Prozent. Das Leben wird also immer teurer, Verbraucher können sich von ihrem Ersparten immer weniger leisten. Anders ausgedrückt: Das Geld, das man auf einem unverzinsten Sparbuch geparkt hat, wird jedes Jahr rund zwei Prozent weniger wert. Deshalb ist es gut, ein Tagesgeldkonto zu besitzen, um diesen Verlust zumindest etwas auszugleichen.

Wundere dich nicht, wenn du bei der Suche auch auf ausländische Tagesgeldanbieter stößt, denn auch bei der maltesischen FIMBank, der niederländischen RaboDirect oder der Austrian Anadi Bank sind die eingezahlten Beträge aufgrund der Einlagensicherung innerhalb der EU geschützt. Pro Kunde und Bank sind 100.000 Euro gesetzlich geschützt, selbst im Falle einer Bankenpleite.

Kürzlich berichtete mir Tobias – ein echter Sparfuchs –, dass er mal wieder sein Tagesgeldkonto gewechselt hatte. Er bekäme jetzt 0,47 statt 0,17 Prozent Zinsen auf sein Erspartes, erzählte er mir stolz. Immer wieder steuert er im Internet Vergleichsplattformen an, um nachzuschauen, welche Bank die besten

Zinsen bietet. Findet er ein gutes Angebot, schließt er sein altes Tagesgeldkonto, transferiert sein Erspartes auf das neue und heimst dort die höheren Zinsen ein. »Man muss eben gucken, wo man bleibt«, sagte er.

Tatsächlich gibt es in Deutschland ziemlich viele Menschen, die so vorgehen wie Tobias. Man nennt sie auch »Tagesgeld-Hopper«, immer auf der Suche nach dem höchsten Zins. Aber ist dieses Hopping wirklich sinnvoll? Lohnt sich der ganze Aufwand des Geld-hin-und-her-Schiebens für 0,3 Prozent Zinsen mehr im Jahr?

Tobias kassiert dank seines Wechsels nun immerhin einen Zinssatz von 0,47 Prozent. Damit bekommt er bei seiner Anlagesumme von 10 000 Euro immerhin Zinsen in Höhe von 47 Euro im Jahr – dreißig Euro mehr als bei seinem alten Konto, das mit 0,17 Prozent verzinst war.

Doch um diese Summe zu erhalten, musste er einigen Aufwand auf sich nehmen: Zunächst schloss er sein altes Tagesgeldkonto und parkte sein Geld auf dem Girokonto zwischen. Anschließend eröffnete er das neue Konto und ließ sich in einer Postfiliale mittels Postident-Verfahren verifizieren. Dann überwies er sein Geld dorthin und richtete dort einen Freistellungsauftrag ein, damit er die Zinserträge steuerfrei kassieren konnte. Alles in allem kostete ihn dieser Wechselvorgang ein paar Stunden.

Doch damit ist die Arbeit nicht vorbei: Es könnte sein, dass Tobias als Tagesgeld-Hopper in wenigen Wochen oder Monaten das ganze Prozedere erneut durchmachen muss. Denn eine Bank kann jederzeit den Zins ändern, den sie auf ein Tagesgeldkonto zahlt. Tagesgeld-Hopper müssen also ständig den Markt beobachten und immer zum besten Anbieter ziehen.

Ziemlich mühselig, wie ich finde. Würde es nicht mehr Sinn machen, auf die dreißig Euro pro Jahr zu verzichten und stattdessen seine Freizeit zu genießen? Man könnte die Zeit auch in seinen Job investieren – der Stundenlohn wäre für die meisten sicher höher als derjenige, den man mit Tagesgeld-Hopping verdient.

Anders verhält es sich bei Anlegern, die wirklich große Summen bewegen. Hätte Tobias 100.000 Euro transferiert, hätte er Zinsen in Höhe von 600 statt 300 Euro bekommen. Da lohnt sich das Wechseln dann schon eher.

Doch die meisten jüngeren Menschen haben eher kleine Beträge angespart. Du solltest dir also einen Anbieter suchen, der dauerhaft gute Zinsen bietet, dann hast du keinen Wechselstress.

Checkliste für Faule:
In sieben Schritten zum guten Tagesgeldkonto

1. Neben einem Girokonto-Vergleich bietet die Stiftung Warentest auch eine Übersicht über die besten Tagesgeldkonten an. Auch diese Testberichte kosten einige wenige Euro, dafür hast du aber die Sicherheit, dass die Ergebnisse vollkommen unabhängig und seriös sind (siehe Kapitel zum Thema Girokonten). Auch kannst du Vergleichsplattformen wie Check24 oder Verivox nutzen. Gib dort deinen Sparbetrag ein und stelle die größtmögliche Anlagedauer ein. Dabei gilt es, darauf zu achten, nicht auf verlockende Angebote und Werbeaktionen hereinzufallen: Denn oftmals locken Banken mit einem Aktionszins, der aber nur für ein paar Monate gilt. Danach erhalten die Sparer nur noch den niedrigeren Zinssatz für Bestandskunden. Es empfiehlt sich, mehrere Vergleichsportale anzusteuern, denn ähnlich wie bei einer Flugsuche gibt es nicht überall die gleichen Angebote.
2. Hast du dich für eine Bank entschieden, kannst du auf den Link »Zum Anbieter« klicken, um direkt zur Kontoeröffnungsseite des Geldinstituts zu gelangen. Du kannst auch direkt die Website der Bank deiner Wahl ansteuern und auf »Tagesgeldkonto eröffnen« klicken. Gib dort deine Daten ein und sende den unterschriebenen Vertrag an die Bank.
3. Nun musst du deine Identität nachweisen, genau wie bei einem Girokonto. Das geht entweder in einer Postfiliale

mit dem Postident-Verfahren oder über eine Videoverbindung zur Bank. Dabei musst du deinen Personalausweis in die Kamera halten. Meistens dauert die Verifikation nur wenige Minuten.

4. Anschließend sendet dir die Bank die Zugangsdaten und die dazugehörigen PIN-Nummern in unterschiedlichen Briefen, damit das Konto von Anfang an vor Kriminellen geschützt ist. Mit diesen Zugangsdaten kannst du dich in deinem Tagesgeldkonto einloggen.

5. Deine Sparsumme kannst du nun auf dein neues Tagesgeldkonto überweisen. Jährlich oder vierteljährlich wird dir deine Zinsgutschrift verbucht.

6. Richte in deinem Konto einen neuen Freistellungsauftrag ein, damit du die Zinserträge steuerfrei kassieren kannst. Bis zu einer Höhe von 801 Euro kannst du Erträge steuerfrei kassieren, alles darüber hinaus wird mit einer Kapitalertragsteuer von 25 Prozent versteuert. Die Höhe deiner Freistellung sollte so hoch sein wie der Zinsertrag, den du bekommst. Bei einer Anlagesumme von 10.000 Euro und einem Zinssatz von 1,5 Prozent würdest du zum Beispiel nur 150 Euro deines Freibetrags ausnutzen, weil diese Summe deinen Zinserträgen entspricht. Die restliche Summe des Freistellungsauftrags kannst du dann für deine anderen Zinserträge (etwa aus Aktienfonds) nutzen. Mehr dazu in Kapitel 3.

7. Solltest du einmal an dein Erspartes heranmüssen, loggst du dich einfach online in dein Tagesgeldkonto ein und überweist die gewünschte Summe aufs Girokonto, dein sogenanntes Referenzkonto.

Im Notfall: In fünf Schritten zum günstigen Kredit – mit Checkliste für Faule

Meine Freunde Emre und Annika sind seit gut fünf Jahren zusammen und möchten bald heiraten. Für Annika steht fest: Sie will eine Märchenhochzeit und ein pompöses Brautkleid. Für Emre ist wichtig, dass genug Platz für seine große Familie vorhanden ist, auch beim Essen möchte der gelernte Koch und heutige Autokaufmann keine Abstriche machen.

Schnell wird klar: Die Traumhochzeit der beiden wird weit mehr kosten, als ihre Ersparnisse hergeben. Die beiden entscheiden sich deshalb, einen Kredit aufzunehmen.

Damit dürften sie nicht allein sein: Denn in meinem Umkreis werden die Hochzeiten immer aufwendiger und teurer. Die Leute wollen diesen Anlass filmreif zelebrieren. Je exklusiver, desto besser.

Sollte das Hochzeitspaar über keine Notreserve verfügen, ist ein Kredit der letzte Ausweg. Allerdings sollten die zukünftigen Brautleute bei einem Kredit stets bedenken, dass dieser Betrag nur eine Art Vorschuss ist, der letztlich der Bank gehört. Dieser muss später mit Zinsen teuer bezahlt werden. Und wenn etwas im Leben schiefläuft, kann man sich auf diese Weise auch verschulden.

Bei einem Kredit zahlt die Bank die gewünschte Summe auf

einen Schlag aus. Im Gegenzug muss der Kreditnehmer das Geld monatlich mit einer festen Rate zurückzahlen. Du zahlst also ab dem ersten Monat Zinsen, die Zinssumme, die der Kreditnehmer aufnehmen muss, ist dabei festgelegt. Die Höhe der Raten bleibt immer dieselbe.

Checkliste für Faule:
In fünf Schritten zum günstigen Kredit

1. **Alternativen prüfen:** Junge Menschen sollten nie voreilig einen Kredit abschließen, sondern zunächst prüfen, ob es nicht besser ist, zu warten, bis man sich das Produkt leisten kann. Oder ob es möglich ist, sich das Geld bei Verwandten zu leihen. Denn so entgeht man den Zinszahlungen der Banken, die die Produkte bei einem Kredit deutlich verteuern. Vor allem junge Menschen – mit wenig Einkommen und wenig Sicherheiten – sollten einen Kredit deshalb nur in Anspruch nehmen, wenn es wirklich keine andere Möglichkeit mehr gibt.
2. **Budget berechnen:** Mit Online-Kreditrechnern (Check24, Smava, Verivox) lassen sich die Rahmendaten für einen Kredit berechnen. Als Erstes gibt man die Höhe der Kreditsumme an, die man braucht. Anschließend die Zeitspanne, in der der Kredit zurückgezahlt werden soll. Daraus ergeben sich die Höhe der Monatsrate, die Laufzeit und der anfallende Zins. Je länger die Laufzeit, desto niedriger die Monatsraten. Kreditnehmer sollten aber nicht den Fehler machen, einfach beliebig die Laufzeit zu verlängern. Denn je mehr Zeit man sich mit der Kredittilgung lässt, desto höher ist die Zinssumme insgesamt.

   Kreditnehmer können deshalb auch andersherum rechnen: Sie überlegen sich zunächst, wie viel sie im Monat übrig haben, um einen Kredit zu tilgen, und wie lange dieser laufen soll. Daraus ergibt sich der Betrag, den man sich leisten kann. Experten raten davon ab, den Kredit zu strecken, wenn die Summe für die aktuelle Anschaffung nicht ausreichen sollte.

Grobes Überschlagen reicht dabei nicht. Besser ist es, über mehrere Wochen oder Monate hinweg ein Haushaltsbuch zu führen. Dabei sollte man berücksichtigen, dass sich Lebensumstände ändern können – und Puffer einplanen. Wer am Ende des Monats zum Beispiel 150 Euro übrig hat und diese Rate 24 Monate lang aufbringen kann, hat bei einem Zins von vier Prozent Anspruch auf einen Kredit in Höhe von 3454 Euro. Die Zinskosten betragen dabei 146 Euro. 2017 haben Verbraucher für neu aufgenommene Konsumentenkredite mit einer Laufzeit von ein bis fünf Jahren durchschnittlich knapp vier Prozent effektiven Jahreszins gezahlt, wie Statistiken der Bundesbank zeigen. Du könntest also zum Beispiel für diese 3454 Euro eine lange Urlaubsreise machen und müsstest dafür zunächst nichts zahlen. Kommst du aus dem Urlaub zurück, zahlst du aber zwei Jahre lang 150 Euro an die Bank, um den Kredit abzustottern. Der Urlaub wäre durch die Zinskosten dann 146 Euro teurer, als wenn du ihn aus eigener Tasche bezahlt hättest.

3. **Auf Tricks der Vergleichsportale achten:** Vergleichsportale sind mit Vorsicht zu genießen. Wer sich etwa bei den Anbietern eine Liste möglicher Kreditangebote anzeigen lässt, muss oftmals auf die Option »Filter« klicken, um zu erkennen, dass nur einige vom Anbieter »geprüfte Banken/Vermittler« in die Auswahl miteinbezogen sind.

Unter Umständen nehmen wichtige Anbieter am Vergleich also gar nicht teil. Die Auswahl vergrößert sich nur, wenn du aktiv die Option »Alle Kreditbanken/Vermittler« auswählst. Doch selbst dann nehmen nicht alle Banken, die in Deutschland aktiv sind, am Vergleich teil. Nur wer bis ans Seitenende scrollt und die Liste der teilnehmenden Partner aufruft, erfährt, wer alles derzeit nicht am Vergleich teilnimmt. »Das halte ich für bewusste Irreführung seitens der Anbieter«, sagte mir Verbraucherschützer Dirk Ulbricht in einem Interview.

Ähnlich irreführend findet der Verbraucherschützer, wie der angebotene Zins dem Verbraucher in der Übersicht präsentiert wird. Denn oftmals geben die Portale eine Zinsspanne an, wobei sie den niedrigsten Zinssatz optisch hervorheben. Ungeübte Verbraucher würden annehmen, dass das der Zinssatz ist, den sie am Ende bekommen. Wer aber auf die winzige Fußnote klickt, erfährt: Zwei Drittel aller Kunden erhalten tatsächlich den Zinssatz, der sich am oberen Ende der Zinsspanne befindet. »Dieser ist oftmals um ein Vielfaches höher als der hervorgehobene Wert, der dem Verbraucher als Erstes ins Auge springt«, sagt Ulbricht. Diesen günstigen Satz erhielten aber nur Kunden, die über die beste Bonität verfügten, also aufgrund ihrer Einkommenssituation am kreditwürdigsten seien. Das seien aber oft ausgerechnet diejenigen, die gar keinen Kredit bräuchten, weil sie genug Geld haben.

Solche Vorgehensweisen können sich im Laufe der Zeit natürlich ändern, man sollte generell immer wachsam bei Vergleichsportalen sein.

4. **Kostenfallen vermeiden:** Eine weitere Kostenfalle lauert auf den Verbraucher, wenn er sich letztlich für einen Kredit entscheidet. Viele Portale bieten kurz vor Abschluss automatisch eine sogenannte Restschuldversicherung an. Solche Versicherungen hören sich erst einmal sinnvoll an, weil sie Geld versprechen bei Arbeitsunfähigkeit, Arbeitslosigkeit und Tod. Doch sie sind sehr teuer, zahlen nur in bestimmten Fällen und erhöhen die Kreditkosten erheblich. Oft werden die Versicherungen den Kunden als alternativlos dargestellt. »Diese Produkte erscheinen mir als die reinste Abzocke. Ich vermute, die Portale versuchen sie den Kunden unterzuschieben, um ihren Gewinn zu erhöhen«, sagt Ulbricht. Wer eine solche Versicherung nicht will, muss sein Häkchen bei »Keine Versicherung« setzen. Als Alternative zu Vergleichsplattformen eignet sich ein kostenpflichtiger Test auf der Website der Stiftung Warentest, um ein gutes Kreditangebot zu finden.
5. **Bonität prüfen und verbessern:** Gerade junge Menschen haben es oftmals schwer, überhaupt einen Kredit zu bekommen. Denn Banken wollen sicher sein, dass sie ihr verliehenes Geld auch zurückbekommen. Deshalb prüfen die Institute, in welcher finanziellen Situation sich die Kreditnehmer befinden. Unbefristet Festangestellte dürften zum Beispiel gegenüber Studenten und Freiberuflern bevorzugt werden.

   Banken rufen die SCHUFA-Auskunft zur Bewertung der Kreditwürdigkeit ab, bevor sie einen Kredit vergeben. Die Daten sollen Aufschluss darüber geben, wie hoch die Wahrscheinlichkeit ist, dass jemand einen Kredit bedienen kann.

Deshalb ist es sinnvoll, bevor man einen Kredit beantragt, bei der SCHUFA einen Bonitätscheck abzufragen, der einmal im Jahr kostenlos ist. Den Antrag dazu findest du auf der Website meineschufa.de.

Dabei solltest du prüfen, ob die SCHUFA-Einträge stimmen. Denn die Institution ist gesetzlich dazu verpflichtet, Fehler zu korrigieren. Der errechnete Score lässt sich aber nicht beeinflussen.

Die SCHUFA selbst erklärt nur grob, wie der Score-Wert zustande kommt. Demnach bekommt die Auskunft von Tausenden Unternehmen Daten über das Zahlungsverhalten von Verbrauchern. Also darüber, ob etwa Kredite beantragt oder zurückgezahlt oder ob Rechnungen beglichen werden.

Solltest du einmal vergessen haben, eine Rechnung zu begleichen, wirkt sich das noch nicht sofort auf deinen SCHUFA-Score aus. Wenn eine Rechnung also einmal zu spät bezahlt wird oder bereits eine Mahnung eingegangen ist, hat dies noch keine negativen Auswirkungen auf deine SCHUFA. Wer allerdings bereits zwei Mahnungen erhalten hat und der Zahlungsaufforderung immer noch nicht nachkommt, riskiert einen Negativeintrag.

Um die Kreditwürdigkeit zu steigern, kann es auch sinnvoll sein, einen Kredit mit einer weiteren Person gemeinsam aufzunehmen. Infrage dafür kommen zum Beispiel Eltern oder Lebenspartner. Die zweite Person ist aber ebenfalls zur Abgabe einer Selbstauskunft verpflichtet, denn auch sie haftet voll. Dadurch steigen die Chancen, überhaupt einen Kredit zu bekommen.

KAPITEL 3:
Geld anlegen & investieren

Warum wir alle in Aktien investieren sollten

Wenn ich mit Freunden in meinem Alter über Aktien spreche, bekomme ich häufig solche Sätze zu hören:

»Aktien? Niemals, da verliert man doch nur sein Geld.«
»Das ist doch nur was für Zocker und Reiche. Ich hätte gar kein Geld, um was anzulegen.«
»Nichts für mich. Ich habe keine Ahnung von Finanzen und will mich auch nicht damit beschäftigen.«

Viele meiner Freunde denken, dass die Börse nur etwas für Banker im Maßanzug ist, die Gelfrisuren tragen und sich nicht für den Rest der Welt interessieren. In kaum einem Land ist bei jungen Menschen die Angst vor Aktien so groß wie in Deutschland.

Man kann meiner Generation keinen Vorwurf machen. Schließlich haben wir es so von unseren Eltern und Großeltern vorgelebt bekommen. In vielen Familien gelten Aktien als Teufelszeug. Die meisten unserer Mütter und Väter haben schlechte Erfahrungen mit der Börse gemacht, klammern sich deshalb an ihr Erspartes und horten es auf Sparbüchern und Tagesgeldkonten, die nur kümmerliche Renditen abwerfen.

Unsere Eltern, aber auch wir Millennials können besser sparen: Unsere Generation liest online fünf Testberichte, wenn es darum geht, einen neuen Handyvertrag abzuschließen. Wenn es dagegen um eine zusätzliche Geldanlage im Wert von mehreren Zehntausend Euro geht, verlassen sich viele einfach auf den Bankberater – oder sie machen gar nichts.

Viel besser wäre es, das Thema selbst in die Hand zu nehmen und von Anfang an konsequent auf Aktien zu setzen. Denn wer sich mit seinem Geld an Unternehmen beteiligt, kann daraus ein sogenanntes passives Einkommen generieren, ohne etwas dafür tun zu müssen. Das Geld vermehrt sich allein dadurch, dass man an den Gewinnen großer Unternehmen beteiligt wird. Du musst dafür nicht besonders viel können, es geht einfach und unkompliziert. Im nächsten Kapitel schauen wir uns Schritt für Schritt an, wie es funktioniert.

Deine Freunde mögen Geld für neue iPhones und schicke Sneaker ausgeben – und du kannst mit ihrem Konsum Geld verdienen. Wenn du nämlich Aktien von Apple, Amazon oder Adidas besitzt, profitierst du von deren positiver Entwicklung und kannst entspannt zusehen, wie sich dein Geld vermehrt.

Und das lohnt sich einfach auf Dauer. An Aktien führt kein Weg vorbei, wie dieses Beispiel zeigt: Wer im Jahr 2000 jeden Monat hundert Euro in einen breit diversifizierten Weltaktiensparplan gesteckt hätte, hätte sich fünfzehn Jahre später über 32.220 Euro freuen können – und das, obwohl es in diesem Zeitraum zwei heftige Börsencrashs gab (Dotcom-Blase 2000 und Weltwirtschaftskrise 2008). Die Börse erwirtschaftete also rund 14.220 Euro, für die der Sparer rein gar nichts tun musste – außer zu warten.

Rendite von Sparplänen über 15 Jahre (100 € im Monat)

Jahr Beginn	Jahr Ende	Endbetrag	Ø Rendite pro Jahr
1969	1984	43.534 €	10,95 %
1974	1989	60.447 €	14,73 %
1979	1994	36.639 €	8,91 %
1984	1999	58.814 €	14,46 %
1989	2004	27.125 €	5,25 %
1994	2009	18.727 €	0,52 %
2000	2015	32.220 €	7,36 %

Quelle: Finanztip.de (Berechnungen auf MSCI World Net abzüglich Verwaltungskosten)

Das Beispiel zeigt: Aktieninvestments lohnen sich auch für junge Leute, ohne das ganz große Geld und ohne viel Kenntnis von der Börse.

Und noch ein simples Rechenbeispiel: Die Analysten der Schweizer Großbank Credit Suisse prognostizieren fürs kommende Jahrzehnt eine Aktienmarktrendite von fünf Prozent pro Jahr (nach Abzug der Inflation) – so wie im langjährigen Durchschnitt der vergangenen hundert (!) Jahre. Ein heute 25-Jähriger, der Monat für Monat hundert Euro breit in den Aktienmarkt investiert und Jahr für Jahr diese Rendite erzielt, kann sich im Alter von 60 auf ein Vermögen von 111.320 Euro freuen – sofern er das Geld nicht zwischendurch ausgibt.

Es lohnt sich auf lange Sicht

Sparplan bei einer monatlichen Sparrate von 100 Euro, Rendite 5 Prozent im Jahr

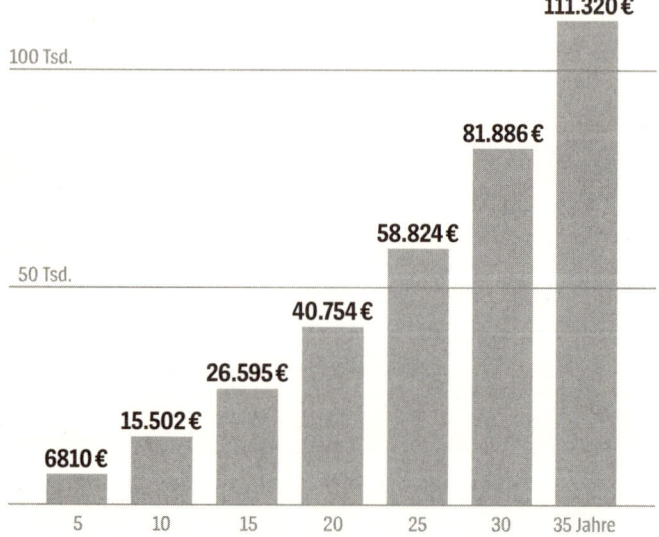

Quelle: zinsen-berechnen.de

Möglich macht das der Zinseszinseffekt, den wir bereits im ersten Kapitel kennengelernt haben. Denn bei unserer Beispielrechnung gehen wir davon aus, dass die jährlichen Zinserträge immer wieder zusammen mit dem Startkapital angelegt werden. Eine nennenswerte Wirkung entfaltet dieser Effekt erst ab einer Verzinsung von fünf Prozent und mehr. Und kaum eine andere Anlageklasse ist so renditestark wie die Aktie.

Klar ist: Aktien schwanken stark. Die oben genannten fünf Prozent Rendite pro Jahr sind nur der Durchschnittswert der vergangenen hundert Jahre, mal liegt die Rendite in einem Jahr deutlich darüber, mal klar darunter. Das Ergebnis eines einjährigen Investments in US-Aktien lag in den vergangenen 65 Jahren tatsächlich zwischen –48,8 Prozent und +72,9 Prozent – eine riesige Spannweite. Deshalb gilt: Kurzfristig in Aktien zu investieren, ist reine Zockerei, weil man dann mit einem Investment richtig auf die Nase fliegen kann.

Nur wer langfristig dabei bleibt, kann sich Renditen zu einem beherrschbaren Risiko sichern. Berechnungen des Finanzblogs DividendenAdel zeigen: Erst bei einer Haltedauer von vierzehn Jahren steigt die empirische Wahrscheinlichkeit, mit Aktien keinen Verlust zu machen, auf hundert Prozent. Anders formuliert: Egal, wann jemand in den vergangenen 65 Jahren in den US-Aktienmarkt eingestiegen ist – nach vierzehn Jahren Haltedauer gab es in keiner der betrachteten Perioden einen Verlust, und das obwohl es in den vergangenen Jahrzehnten schwere Wirtschaftskrisen und Kriege gegeben hat. Anleger sollten also mindestens zehn bis fünfzehn Jahre mitbringen, wenn sie in Aktien investieren wollen. Dann ist in der Vergangenheit immer eine ordentliche Rendite herausgekommen. Aber vor allem junge Menschen bringen diese Zeit mit – wir legen Geld an, das wir erst viel später brauchen werden.

Wie erfolgreich die Aktienanlage sein kann, zeigt das Beispiel von Lena, einer ehemaligen Klassenkameradin von mir. Sie bekam nach dem Abitur im Jahr 2010 15.000 Euro von ihren Großeltern geschenkt. Anstatt es für eine Reise nach Australien oder ein Auto auszugeben, legte sie das Geld breit gestreut am Weltaktienmarkt an. Nach neun Jahren hatte sich ihr Kapital auf 33.750 Euro erhöht – sie hatte ihren Einsatz also während ihres Studiums mehr als verdoppelt.

Zugegeben: Lena hat einen extrem guten Einstiegszeitpunkt erwischt, denn sie kaufte ihre Aktien gut zwei Jahre nachdem die Weltwirtschaftskrise ausgebrochen war und die Börsenkurse im Keller waren. In den Jahren danach legten die Börsen überdurchschnittlich stark zu, meine Mitschülerin erzielte pro Jahr eine Rendite von 13,8 Prozent. Vermutlich wird sie in den nächsten neun Jahren ihr Geld nicht noch einmal verdoppeln können, die Renditen dürften niedriger ausfallen. Dennoch demonstriert das Beispiel eindrucksvoll, was mit Aktien möglich ist.

Die Wahrscheinlichkeit, mit Aktien auf Dauer einen Verlust zu erzielen, ist relativ gering. Das zeigt die vorangegangene Grafik mit den Renditen von Sparplänen. In keiner der betrachteten Perioden machte der Anleger einen Verlust. Wer 1994 eingestiegen ist und 2009 seine Aktien wieder verkauft hat, hat zwar richtig Pech gehabt: Gleich zwei große Wirtschaftskrisen verhagelten dem Anleger die Rendite. Dennoch hat er am Ende immer noch eine Durchschnittsrendite von 0,52 Prozent pro Jahr erzielt, also keinen Verlust. Die Beispiele zeigen: Selbst richtig große Wirtschaftscrashs kann man als Anleger verschmerzen, wenn man solche Krisen einfach aussitzt.

Eine berechtigte Frage ist natürlich, warum man an diese Statistiken glauben sollte, denn die Entwicklung an der Börse ist ungewiss. Weder ein Star-Investmentbanker noch irgendein TV-Börsenguru weiß, wo die Weltbörsen in ein paar Jahren stehen werden. Denn dass man in der Vergangenheit nach ein-

einhalb Jahrzehnten mit Aktien eigentlich immer im Gewinn war, heißt noch lange nicht, dass es auch in Zukunft so kommen muss.

Doch es gibt einen ganz simplen Grund, warum Aktien auch weiterhin langfristig steigen werden: Die Weltwirtschaft wächst seit Jahrhunderten, und das wird auch in Zukunft so sein. Und wenn die Wirtschaft wächst, steigen auch die Gewinne der Unternehmen und damit die Aktienkurse. Megatrends wie Digitalisierung, Mobilität und künstliche Intelligenz werden in den nächsten Jahrzehnten unser Leben verändern. Revolutionäre Produkte werden auf den Markt kommen, die wir uns noch gar nicht vorstellen können. All diese Produkte und Technologien werden für globales Wirtschaftswachstum sorgen. Die Menschheit kann gar nicht anders, als sich ökonomisch weiterzuentwickeln.

Und du kannst mit deiner Investition einen Teil dazu beitragen, dass die Wirtschaft weiterhin wächst. Denn die Unternehmen brauchen dein Geld, um ihre Geschäfte auszubauen. Wenn du einen Anteil an einem Unternehmen kaufst, schaffst du Arbeitsplätze, bezahlst Forschungsprojekte für neue Medizin und Technik und partizipierst an der Entwicklung eines Unternehmens.

Nur Krisen, die die gesamte Zivilisation bedrohen würden, wie ein atomarer Weltkrieg oder der Ausbruch einer Seuche, sprechen gegen eine positive Weltwirtschaftsentwicklung. Das kann natürlich passieren, dann wäre dein angelegtes Geld in Aktien wahrscheinlich wirklich futsch. Aber wenn wir ernsthaft von solch einem Szenario ausgehen würden, könnten wir auch gleich aufhören, unsere Zukunft zu gestalten. Wenn du also wirklich von einem Weltuntergangsszenario ausgehst, solltest du nicht nur auf Aktien verzichten, sondern dir einen Kartoffelacker zulegen und lernen, wie man jagt.

Larry Fink, Chef des weltgrößten Vermögensverwalters BlackRock, formulierte es in einem Interview mit dem SPIEGEL so: »Wenn man glaubt, dass die Welt in dreißig Jahren ein besserer Ort sein wird, ist es sinnvoll, rund die Hälfte seines Vermögens in Aktien zu investieren.«

Natürlich schwanken Aktienkurse kurzfristig sehr stark – und das wird auch so bleiben. Die Weltbörsen können bei einem Crash auch mal um dreißig, vierzig oder sogar fünfzig Prozent einbrechen. Die Wahrscheinlichkeit, dass eine nächste Finanzkrise kommt, ist nicht gering.

Doch gerade wir jungen Menschen haben einen großen Vorteil: Wir haben genug Zeit, solche Krisen auszusitzen. Wir investieren Geld, das wir vielleicht erst in zehn, fünfzehn oder zwanzig Jahren benötigen werden. Und wenn die dicke Krise kommt, warten wir einfach, bis sie vorüber ist, und schauen am besten erst gar nicht ins Depot. (Wie du am besten in einer Krise reagierst, erkläre ich in Kapitel 4.)

Schon Börsenlegende André Kostolany sagte: »Kaufen Sie Aktien, nehmen Sie Schlaftabletten und schauen Sie die Papiere nicht mehr an. Nach vielen Jahren werden Sie sehen: Sie sind reich.« Diese Aussage verdeutlicht: Wertpapiere zu besitzen, ist ziemlich langweilig.

Aktien steigen nun seit fast neun Jahren nahezu ununterbrochen. Doch wegen der unberechenbaren Politik des US-Präsidenten Donald Trump sind unsichere Zeiten angebrochen – ist jetzt überhaupt der richtige Zeitpunkt, um sein Geld in Aktien anzulegen?

Die einfache Antwort lautet: Es ist immer die richtige Zeit, in Aktien zu investieren. Denn gefühlt ist nie der richtige Moment, um mit einem Aktieninvestment zu starten. Entweder es gibt hohe Börsenkurse und man denkt, man sei mal wieder zu spät dran. Oder die Börsenkurse sind im Keller und man traut sich erst recht nicht zu kaufen, weil man befürchtet, dass es noch schlimmer kommt.

Und außerdem gilt: Beim Warten auf den richtigen Einstiegszeitpunkt entgeht dir eine Menge Rendite. Denn in dieser Zeit liegt dein Geld auf unverzinsten Konten herum und arbeitet nicht. Doch gerade beim Zinseszinseffekt ist die Dauer deiner Anlage immens wichtig: Je länger du dabei bist, desto höher der Effekt. Also fang mit der Aktienanlage so schnell und früh wie möglich an! Jeder Monat zählt. Und auf lange Sicht ist es nahezu egal, wann du eingestiegen bist.

Niemand kennt den richtigen Einstiegs- oder Ausstiegszeitpunkt. Wer glaubt, kurzfristig den richtigen Augenblick zu erwischen, kann genauso gut sein Geld in einer Spielothek verzocken. Wichtig ist es, langfristig dabei zu bleiben. Auf diese Weise ist in der Vergangenheit immer eine ordentliche Rendite dabei herausgekommen.

Wie du Aktien für deinen Reichtum arbeiten lässt

Zu wissen, dass Wertpapiere auf Dauer eine hohe Rendite abwerfen, reicht aber noch lange nicht für eine langfristige Vermögensstrategie aus. Immer wieder erreichen mich E-Mails von meinen Lesern, die mich fragen, welche Aktien sie denn nun kaufen sollen.

Wäre ich ein Hellseher, würde ich hundert Prozent meines Kapitals in die Firma stecken, deren Gewinn in den nächsten zwölf Monaten am stärksten steigt – und meinen Lesern diese eine Aktie empfehlen. Denn dann würden meine Leser und ich die größtmögliche Rendite einfahren. Das Problem daran: Ich bin kein Hellseher.

Um das Risiko zu reduzieren, ist es wichtig, sein Geld zu streuen und über mehrere Aktien zu verteilen. Aber es gibt mehrere Tausend Aktien auf der Welt, wie soll man sich da entscheiden?

Du könntest anfangen, Geschäftsberichte von Unternehmen zu lesen, dich zu informieren, welche Branchen gute Zukunftschancen haben, und dich dann für zehn bis fünfzehn Aktien entscheiden, von denen du glaubst, dass sie sich positiv entwickeln werden.

Aber erstens ist das verdammt viel Arbeit und zweitens hast du auch auf diesem Weg das Risiko kaum reduziert. Denn ein Bestand von zehn Aktien reicht bei Weitem nicht, um das Risiko auf ein verkraftbares Maß zu senken. Es bräuchte nur eine dieser zehn Firmen pleitezugehen, und du würdest den Großteil deines Einsatzes verlieren. Und wer garantiert dir, dass ein Konzern wie Apple oder Amazon auch in zehn Jahren noch so erfolgreich ist wie heute?

Eine weitere Möglichkeit wäre, das Geld zur Bank zu bringen und auf die Profis zu vertrauen: Die ganzen Banker in Maßanzügen an der Wall Street sollten schon wissen, wie das geht. Bei einer Bank bekommt man meistens sogenannte Aktienfonds angeboten, also einen Korb von mehreren Hundert Aktien. Diese Fonds werden aktiv von einem Fondsmanager verwaltet (er entscheidet also, in welche Aktien der Fonds investiert). Das Problem daran: Diese Arbeit muss bezahlt werden. Die Folge: Die Fonds verschlingen hohe Gebühren. Bei einem klassischen Fonds, den Banken verkaufen, müssen Anleger oftmals einen Ausgabeaufschlag in Höhe von fünf Prozent plus eine jährliche Verwaltungsgebühr in Höhe von rund 1,5 Prozent zahlen. Bei einer Anlagesumme von 10.000 Euro gehen also im ersten Jahr rund 650 Euro an die Bank. Geld, das man besser für einen Sommerurlaub ausgibt.

In Beratungsgesprächen bei Banken heißt es dann oft: »Wir rechnen das erst mal ohne Gebühren aus, die paar Prozent kann man ja vernachlässigen.« Doch oftmals verschlingen diese Gebühren einen großen Teil deines Ersparten.

Banken rechtfertigen die hohen Gebühren für Anleger

immer mit dem Argument, Fondsmanager würden durch ihr Expertenwissen die besten Aktien auswählen und deshalb auf Dauer hohe Renditen abwerfen. Ihr praktiziertes aktives Fondsmanagement sei der Versuch, eine Überrendite zu erzielen – also eine höhere Rendite als der Durchschnitt der übrigen Marktteilnehmer.

Doch unzählige Analysen haben bestätigt, dass das so gut wie keinem Fondsmanager auf Dauer gelingt. Laut einer Analyse der international bekannten US-Kreditratingagentur Standard & Poor's scheiterten 98 Prozent (!) der global anlegenden aktiven Aktienfonds in den vergangenen zehn Jahren an ihrem Vergleichsindex – der Großteil der Fondsmanager in den USA erzielte zum Beispiel auf Dauer eine niedrigere Rendite, als wenn sie einfach alle Aktien gekauft hätten, die in einem großen Börsenbarometer wie dem Dow Jones enthalten sind. Ein miserables Ergebnis!

Wenn Anlageberater in Banken auf diese Zahlen angesprochen werden, entgegnen sie oft, dass menschliche Fondsstrategen dafür aber Anleger vor Verlusten schützen könnten. Denn sie könnten in Abschwungphasen gezielt schlechte Aktien gegen gute austauschen oder die Anzahl der Wertpapiere im Fonds insgesamt reduzieren, während ein großer Börsenindex Ausschläge nach oben und unten voll mitnimmt. Doch Zahlen des renommierten Analysehauses Morningstar können auch diese Behauptung klar widerlegen. In dem schwierigen Börsenjahr 2018, als weltweit die Börsen abrauschten, blieben in den meisten Fondskategorien achtzig Prozent der Manager hinter den jeweiligen Börsenbarometern zurück.

Als Privatanleger macht es deshalb Sinn, einfach die Marktrendite einzufahren, also die durchschnittliche Rendite aller Aktien, die es in einem Markt gibt. Und das geht mit sogenannten passiv verwalteten Indexfonds (ETF). Sie sind vielleicht das wichtigste Instrument auf deinem Weg zum finanziellen Glück. Wir werden uns in diesem Buch sehr ausführlich mit ihnen beschäftigen, weil sie wirklich eine kleine Wunderwaffe sind.

Denn diese ETFs bilden einfach stumpf per Computerprogramm einen Index nach – zum Beispiel den deutschen Leitindex Dax, in dem die dreißig größten deutschen Börsenunternehmen enthalten sind. Steigt beispielsweise der Dax um zehn Prozent, legt auch der Indexfonds um zehn Prozent zu. Verliert der Dax dagegen zehn Prozent, ist der Indexfonds ebenfalls mit zehn Prozent im Minus. Genauso funktioniert es mit dem amerikanischen Dow Jones oder dem japanischen Nikkei-Index.

Der Vorteil: Da diese Fonds von keinem Fondsmanager gesteuert werden, sondern von einem Computer betreut werden, sind sie viel günstiger für Anleger – meist kosten sie zwischen 0,1 bis 0,5 Prozent Verwaltungsgebühr im Jahr. Anleger können also mit einem ETF im Vergleich zu einem teuren aktiven Fonds über die Jahre einige Tausend Euro Verwaltungskosten sparen – und somit eine bessere Rendite erzielen als mit den teuren Fondsprodukten der Banken. Die Banken bieten diese Produkte in der Regel nicht an, weil sie mit ihnen nichts verdienen.

Aktiv oder passiv?

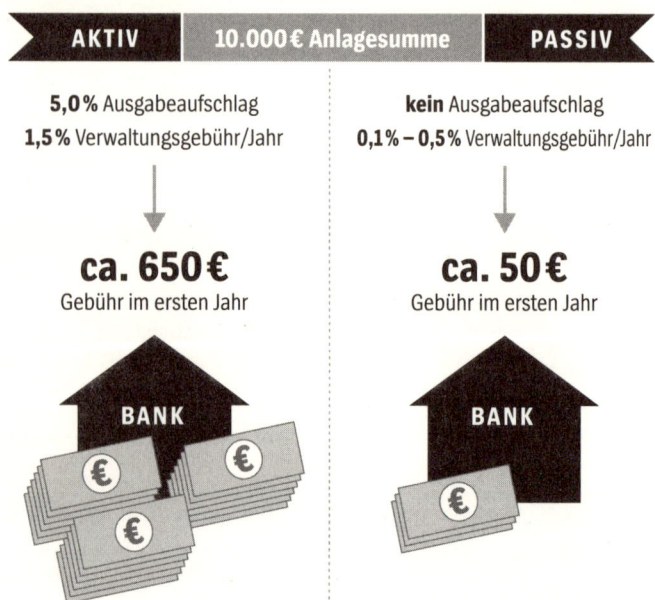

Quelle: spiegel.de

Die Idee dahinter ist, einfach die Marktrendite einzufahren, also die durchschnittliche Rendite aller Aktien, die es in einem Markt gibt. Es sind so viele Aktien in einem Korb enthalten, dass sie gegenseitig ihre Wertentwicklung ausgleichen. Finanzexperten sprechen in so einem Fall von Diversifikation, man verteilt sein Geld auf viele verschiedene Werte, um sein Risiko zu minimieren.

Und niemand diversifiziert so gut wie ETFs, es ist das ideale Instrument, um dein Risiko zu senken. Denn mit einem ETF läufst du nicht wie bei Einzelaktien Gefahr, dein ganzes Geld wegen einer Unternehmenspleite zu verlieren. Komplett sicher sind ETFs natürlich nicht, du trägst das sogenannte Marktrisiko, denn es kann auch passieren, dass die gesamte Börse bei einer Wirtschaftskrise einbricht. Doch ohne Risiko keine Rendite!

Anleger können sie bequem selbst mithilfe eines eigenen Online-Depots kaufen. Denn sie werden genau wie Aktien oder Anleihen täglich an der Börse gehandelt. Du kannst sie direkt ohne Umweg über einen Vermittler kaufen, dabei zahlst du weder Gebühren noch einen teuren Ausgabeaufschlag. (Wie einfach das geht, zeige ich dir im nächsten Kapitel.)

Aber auf welchen Index setzt man nun als Privatanleger? Nimmt man den Dax oder doch lieber den amerikanischen Dow Jones? Und kann man damit wirklich reich werden?
Zunächst gilt: Je größer ein Index, also je mehr Aktien darin enthalten sind, desto besser. Denn damit senken wir das Risiko. Deshalb sind sowohl der Dax als auch der Dow Jones eher ungeeignet, in ihnen befinden sich jeweils gerade einmal dreißig Unternehmen, da kann immer noch eine Menge schiefgehen. Nehmen wir einmal an, der Megatrend autonomes Fahren setzt sich durch und führt dazu, dass die Menschheit in Zukunft lieber Autos von Google oder Amazon fährt statt die der deutschen Autokonzerne. Das würde die deutsche Wirtschaft empfindlich treffen, weil sie stark von der Autoindustrie abhängt. Der Dax würde erheblich an Wert einbüßen, weil in ihm viele deutsche Autokonzerne enthalten sind. Dass es so kommt, ist unwahrscheinlich. Dennoch zeigt das Beispiel: Allein auf die deutsche Wirtschaft zu vertrauen, ist zu riskant.

Besser ist es, als Anleger sein Geld auf der ganzen Welt einzusetzen. Dazu eignet sich zum Beispiel der internationale Weltmarktaktienfonds MSCI World, das ist quasi der Megaindex unserer Weltwirtschaft. Denn dieser enthält rund 1600 Unternehmen (das sind 53-mal so viele wie im Dax) aus 23 Ländern und deckt damit fast die gesamte Weltwirtschaft ab. In diesem Fonds stecken Unternehmen von A wie Apple bis Z wie Zalando. So gut wie jedes börsennotierte Unternehmen, das du kennst, ist darin vertreten.

Für den Index werden die jeweils größten Unternehmen gemessen am Börsenwert aus den einzelnen Ländern ausgewählt. Das wertvollste Unternehmen im Index war Anfang 2019 der Computerhersteller Microsoft mit einem Marktwert von rund 680 Milliarden US-Dollar. Der kleinste Konzern im Index war gut zwei Milliarden Dollar schwer.

Der Indexanbieter MSCI überprüft quartalsweise die Zusammensetzung, dann können neue Unternehmen in den Index aufgenommen werden, andere werden herausgenommen.

Das Gute am MSCI World: Der Index ist breit über die gesamte Welt gestreut – geht es einer Firma schlecht, gleicht der Erfolg einer anderen das aus. Der Fonds schwankt deshalb vergleichsweise wenig.

Zwischen 1975 und Ende 2018 hat der MSCI World eine durchschnittliche Rendite von 8,7 Prozent pro Jahr erzielt – trotz mehrerer heftiger Weltwirtschaftskrisen. Ich finde, das kann sich sehen lassen. Wer diese Rendite auf Dauer über mehrere Jahrzehnte auf sein Erspartes einfährt, kommt seinem Ziel der finanziellen Unabhängigkeit ein deutliches Stück näher!

Und wer in den vergangenen Jahrzehnten beliebige fünfzehn Jahre in den MSCI World investiert hat, machte keinen Verlust – unabhängig vom Einstiegszeitpunkt.

Klar ist aber auch: Es ist kein Fonds, mit dem man unglaublich reich wird, weil er eben breit diversifiziert ist. Es wäre unrealistisch, davon auszugehen, dass man jedes Jahr eine hohe zweistellige Rendite mit dem Fonds einfährt.

Dafür ist aber auch dein Risiko verkraftbar. Der Finanzblogger Albert Warnecke hat auf seinem Blog Finanzwesir überschlagen, dass für diese 1600 Firmen ungefähr 23 Millionen Menschen arbeiten. Du sicherst dir mit deinem Investment also die Intelligenz von Millionen von Wissenschaftlern, Ingenieuren, Betriebswirten und Technikern, die für all diese Firmen arbeiten. »So ein riesiges Netzwerk von Menschen ist robust und hält was aus«, schreibt Warnecke. Denn selbst bei einem großen Börsencrash würden diese Menschen zunächst einmal weiterarbeiten. So viel kann da gar nicht schiefgehen, oder verblöden Millionen von Menschen plötzlich, wenn die Aktienkurse mal sinken sollten? Das Humankapital all dieser Menschen würde auch dann erhalten bleiben.

Schon für 25 Euro kannst du ETF-Anteile vom MSCI World kaufen. Ich finde das Konzept genial, dass man sich als Privatanleger schon mit so kleinen Summen an mehreren Tausend Firmen beteiligen kann. Und mit diesen 25 Euro versuchst du erst gar nicht, das nächste große Aktiending zu finden, das an der Börse durch die Decke geht. Wer breit gestreut in ETFs investiert, will gar nicht den Markt schlagen, sondern gibt sich mit der durchschnittlichen Marktrendite der Weltwirtschaft zufrieden. Denn als sogenannter passiver Anleger geht man davon aus, dass der Markt ohnehin effizient ist. Kein Anleger hat dauerhaft einen Informationsvorsprung, den er dazu nutzen kann, langfristig überdurchschnittliche Gewinne zu erzielen. Und das gilt auch für die Profis von der Wall Street.

Natürlich gibt es auch immer wieder Fondsmanager, oder private Hobbyanleger, die kurzfristig große Erfolge feiern und hohe Renditen einfahren. Aber selten geht das über mehrere Jahrzehnte hinweg gut. Die Statistik spricht hier eine ganz klare Sprache: Auf Dauer schafft es so gut wie niemand, den Markt zu schlagen. Das ist nun mal Fakt. Also brauchen wir es gar nicht erst zu versuchen.

Zugegeben: Diese Strategie ist im Alltag etwas langweilig. Denn mit solchen passiven Investments kannst du nie vor Freunden oder vor Kollegen im Büro angeben. Du hast keine Story auf Lager, wie du vor ein paar Jahren eine Aktie entdeckt hast, die heute das Vierfache wert ist. Bei den ganz großen Aktienwetten bist du nie dabei, weil du quasi sowieso alle Aktien besitzt und deren Werte sich gegenseitig ausgleichen. Du sackst nur die Durchschnittsrendite ein, die erst nach vielen Jahren ihre Wirkung entfaltet.

Aber abgerechnet wird zum Schluss. Halte durch, und nach einigen Jahren wirst du mit dieser Strategie vorne liegen. Denn der ein oder andere mag mal mit einer Aktie Glück gehabt haben, aber genauso werden sie mal danebenliegen und richtig viel Geld verlieren. Meistens ist es doch so: Die Menschen erzählen gerne von ihren Erfolgen, aber wenn sie Geld verloren haben, schweigen sie.

So war das in meinem Bekanntenkreis etwa mit Cannabis-Aktien. Alle sprachen von dem Hype, dass man mit der Legalisierung von Cannabis extrem viel Geld verdienen könnte. Ein paar meiner Freunde kauften irgendwelche Hanf-Aktien, die tatsächlich zunächst an Wert zulegten. Doch irgendwann stellte sich heraus, dass viele dieser Firmen total unseriös waren und über gar kein Geschäftsmodell verfügten, in der Folge stürzte ihr Wert an der Börse in sich zusammen. Meine Freunde verloren ihr Geld, und wenn ich sie darauf ansprach, schwiegen sie betreten.

Wenn du langfristig auf ETFs setzt, kannst du dir diese mühselige Suche nach den besten Trends sparen. Du kaufst einfach den ganzen Markt und lehnst dich zurück.

Mein Mantra lautet deshalb: Ich weiß nicht, was die Zukunft bringt, und außerdem habe ich auch noch Besseres zu tun, als ständig Aktienkurse zu überwachen. Ich bin aber zuversichtlich, dass noch nicht alle Erfindungen gemacht worden sind und die technische Entwicklung der Welt weitergehen wird. Deshalb gehe ich davon aus, dass die Börsen langfristig steigen werden.

Auch ich musste mich erst zu solch einem passiven Investor entwickeln und diesen Ansatz erst einmal verinnerlichen. Dabei half mir die Erfahrung, mit einer Finanzentscheidung auf die Nase gefallen zu sein.

Während meines Studiums wandte ich nämlich gemeinsam mit einem guten Freund eine sogenannte quantitative Anlagestrategie an, von der wir gelesen hatten, um die besten Aktien herauszufiltern. Eine Checkliste, die ein gutes Dutzend Kriterien umfasste, entschied darüber, ob wir eine Aktie kauften oder verkauften. Wir programmierten ein Excelsheet, gaben die Finanzkennzahlen aus den Geschäftsberichten der Unternehmen ein und glaubten, dass wir es mit dem System schaffen würden, den Markt zu schlagen, also eine höhere Rendite als der Vergleichsindex zu erzielen.

Tatsächlich fanden wir einige Aktienperlen, die sich gut entwickelten. Aber genauso kauften wir Aktien, die sich trotz der guten Unternehmenskennzahlen als Rohrkrepierer herausstellten. Zudem war das Ganze auf Dauer extrem mühsam – und teuer. Ich verbrachte Nächte damit, Unternehmenskennzahlen auszuwerten und Aktien zu traden, dabei entstanden mir hohe Transaktionskosten, die meine Rendite erheblich minderten. Nach zwei Jahren musste ich mir eingestehen: Ich hatte mich überschätzt. Die Rendite meines Aktiendepots war nicht schlecht, aber sie lag unter der Rendite des MSCI World. Ich gab auf. Der ganze Aufwand hatte sich nicht gelohnt. Ich lernte daraus: Als Privatanleger sollte man grundsätzlich die Finger von Einzelaktien lassen.

Wenn es nicht einmal gestandene Super-Brains an der Wall Street schaffen, dauerhaft den Markt zu schlagen, warum sollte es dann dir gelingen?

Heute tue ich mir diesen Stress nicht mehr an. Ich lege mein Geld passiv in Indexfonds an, kassiere die Marktrendite und lasse es gut sein.

Wie du 10.000, 50.000 und 100.000 Euro auf einmal anlegst

Das Schöne an der passiven Anlagestrategie: Wirklich jeder kann sie anwenden, weil sie so einfach und kostengünstig ist. In diesem Kapitel schauen wir uns Schritt für Schritt an, wie es funktioniert, Geld in ETFs anzulegen. Dabei macht es keinen Unterschied, ob du 10.000 Euro, 50.000 Euro oder 100.000 Euro auf einen Schlag anlegst – die Strategie bleibt gleich und eignet sich für jeden Anlagetyp. Solltest du noch keine größere Summe angespart haben, bietet es sich an, monatlich einen gewissen Betrag zu sparen und mit einem Sparplan anzulegen. (Wie das funktioniert, erfährst du im nächsten Kapitel.)

Schritt 1: Sich für eine Portfolio-Variante entscheiden

Zunächst solltest du so lange sparen, bis deine Liquiditätsreserve auf dem Tagesgeldkonto groß genug ist. Als Faustregel gilt: Mindestens drei Nettomonatsgehälter sollten sich dort befinden. Wie das geht, haben wir bereits im ersten Kapitel besprochen. Erst sobald du diese eiserne Reserve gebildet hast, solltest du beginnen, überschüssiges Geld anzulegen.

Dabei ist es ratsam, das Geld auf verschiedene Anlageklassen zu verteilen und sich ein Portfolio, also einen Bestand an Werten, aufzubauen. Einmal eingerichtet, läuft es fast von allein.

Ein vernünftiges Portfolio besteht dabei immer aus einem Sicherheits- und einem Renditebaustein. Der Sicherheitsbaustein besteht aus einem flexiblen und sicheren Tagesgeldkonto, auf dem bereits deine eiserne Reserve liegt. Dort ist das Geld bis zu einer Summe von 100.000 Euro selbst im Falle einer Pleite der Bank durch die Einlagensicherung geschützt. Die Anlage ist also ohne Risiko, dafür ist das eingezahlte Geld aber auch nur minimal verzinst. Es ist deine Reserve für den Notfall, an die du jederzeit herankommst.

Den Renditebaustein bestückst du mit Aktien-Indexfonds (ETFs). Sie bringen dir deine Rendite, schwanken dafür aber stark im Wert.

Wie viel Geld man auf die jeweiligen Bausteine verteilt, ist jedem selbst überlassen. Ein ausgewogenes Portfolio besteht zum Beispiel zu je fünfzig Prozent aus Aktien und Tagesgeld. Ein offensives Portfolio besteht zu 75 Prozent aus Aktien und zu 25 Prozent aus Tagesgeld.

Du musst aber selbst für dich herausfinden, wie viel Risiko du vertragen kannst. Stell dir die Frage, was du aushältst. Gerätst du in Panik, wenn sich dein Gesamtvermögen um zehn Prozent verringert, oder kannst du auch einen Kursrückgang von fünfzig Prozent locker aussitzen?

Am besten rechnest du einmal für dich durch, was passieren würde, wenn sich der Anteil, den du in Aktien stecken würdest, um fünfzig Prozent verringern würde. Würdest du das aushalten?

Es ist also nicht so, dass *mehr Aktien* automatisch besser sind. Wer sicherheitsbewusst ist und eine Familie ernähren muss, teilt sein Depot anders auf als ein unabhängiger Single, der einen gut bezahlten Job hat.

Ich habe zum Beispiel siebzig Prozent meines Geldes in Aktien investiert, die restlichen dreißig Prozent liegen auf meinem Tagesgeldkonto.

Schauen wir uns einmal an, wie sich die verschiedenen Portfolio-Varianten in den Jahren 2008 bis 2018 entwickelt haben:

Anlage von 100.000 Euro
Entwicklung verschiedener Portfolios
von Juni 2008 bis Juni 2018

Portfolio	Rendite pro Jahr	Endvermögen	Schlechteste 1-Jahres-Rendite
100 % Tagesgeld 0 % Aktien	0,7 %	107.110 €	0,0
75 % Tagesgeld 25 % Aktien	3,0 %	134.945 €	−2,8
50 % Tagesgeld 50 % Aktien	5,6 %	173.054 €	−7,4
25 % Tagesgeld 75 % Aktien	7,2 %	201.162 €	−15,0
0 % Tagesgeld 100 % Aktien	9,0 %	236.412 €	−21,1

Quelle: Finanztest

Der Blick auf diese Zeitspanne von zehn Jahren zeigt die Unterschiede deutlich. Wer auf die offensive Variante mit einem hohen Aktienanteil gesetzt hätte, stünde heute am besten da. Aus 100.000 Euro wären mehr als 230.000 Euro geworden. Eine Rendite von neun Prozent pro Jahr nach Kosten!

In schlechten Jahren hätte es aber auch schwere Verluste gegeben. Eine negative Rendite von 21 Prozent hätte es im schlimmsten Krisenjahr gegeben. Von 100.000 Euro wären danach noch 80.000 Euro übrig. Solch eine Krise muss man erst einmal aussitzen können.

Wer derart heftige Ausschläge nicht mitmachen möchte, ist mit einer ausgewogenen oder einer defensiven Variante besser beraten. Beim defensiven Portfolio hätte die schlechteste Rendite gerade mal minus 2,8 Prozent betragen. Dafür stehen nach zehn Jahren Laufzeit aber auch »nur« etwa 134.945 Euro auf dem Konto.

Doch die vergangenen zehn Börsenjahre waren zugegebenermaßen überdurchschnittlich erfolgreich. Nach der Weltwirtschaftskrise erholten sich die Börsen weltweit und stiegen immer weiter.

Deshalb ist es sinnvoll, sich anzuschauen, wie sich die Portfolios über einen noch längeren Zeitraum entwickelt haben. Der Blick auf eine Spanne von zwanzig Jahren mit all ihren Finanzkrisen ist deshalb noch aussagekräftiger.

Anlage von 100.000 Euro
Entwicklung verschiedener Portfolios
von Juni 1998 bis Juni 2018

Portfolio	Rendite pro Jahr	Endvermögen	Schlechteste 1-Jahres-Rendite
100 % Tagesgeld 0 % Aktien	3,5 %	282.351 €	0,0
75 % Tagesgeld 25 % Aktien	4,8 %	408.630 €	-6,7
50 % Tagesgeld 50 % Aktien	5,6 %	507.793 €	-18,9
25 % Tagesgeld 75 % Aktien	6,2 %	605.433 €	-29,0
0 % Tagesgeld 100 % Aktien	6,3 %	630.762 €	-39,7

Quelle: Finanztest

Du siehst also, dass sich eine größere Aktienquote auf Dauer lohnt, denn sie geht mit einer höheren Rendite einher. Klar ist aber auch: Du musst bereit sein, eine höhere Schwankung zu vertragen. Der maximale Jahresverlust, den du zwischendurch erreicht hast, ist deutlich höher, als wenn du einen Großteil deines Geldes in sicheren Anlageformen investiert hast.

Schritt 2: Die richtige Anlageregion auswählen

Hast du dich für eine grobe Aktien-Tagesgeld-Aufteilung entschieden, stellt sich die Frage, mit welchen ETFs du deinen Aktienanteil bestückst. Inzwischen gibt es Tausende von ETFs. Aber welcher eignet sich für dich als langfristig orientierten Investor?

In der Regel reichen die großen Klassiker aus, weil sie gut konstruiert sind und die nötige Breite, also Anzahl an Aktien, liefern. Da wäre zum Beispiel der bereits erwähnte MSCI World, der gut 1600 große Unternehmen aus den 23 Industrieländern umfasst. Dazu zählen: Australien, Belgien, Dänemark, Deutschland, Finnland, Frankreich, Großbritannien, Irland, Israel, Italien, Japan, Kanada, Neuseeland, Niederlande, Norwegen, Österreich, Portugal, Schweden, Schweiz, Spanien und die USA. Ein Nachteil am MSCI World: Sechzig Prozent der enthaltenen Aktien stammen aus den USA. Der US-amerikanische Aktienmarkt ist also überproportional vertreten. Geht es der US-Wirtschaft schlecht, fällt auch der Kurs des MSCI World.

Doch die Zusammensetzung des MSCI World ist nicht für das nächste Jahrhundert festgeschrieben. Wenn sich im Laufe der nächsten dreißig Jahre die Gewichtungen der Industrienationen in der Weltwirtschaft verschieben, wird sich das auch in der Zusammensetzung des MSCI World bemerkbar machen. Wenn beispielsweise China in einigen Jahren die USA als größte Wirtschaftsnation der Erde ablösen würde, könnte es sein, dass dann der Index zu einem Großteil aus chinesischen Aktien besteht. Ein World-ETF nimmt alle Entwicklungen der Weltwirtschaft mit. Der Fonds justiert sich automatisch neu, und man hat immer die Gewinner-Regionen im Depot. Welche Aktien im Index landen, wird mehrmals jährlich überprüft. Ändert sich die Zusammensetzung des Index, bessert auch der ETF nach. Geht eine Firma pleite, fliegt sie zum Beispiel aus dem Index.

Als sinnvolle Ergänzung zum MSCI World bietet sich der MSCI Emerging Markets an. In diesem ETF befinden sich die Aktien aus Schwellenländern, die im MSCI World bisher keine Berücksichtigung finden. Das sind Länder, die nicht mehr zu den armen Entwicklungsländern zählen, aber auch noch nicht zu den reichen Industrienationen. Das heißt, sie stehen an der Schwelle dazu, ein Industriestaat zu werden. Zu den Schwellenländern zählen derzeit beispielsweise Indien, China, Brasilien, Mexiko, Südafrika und Malaysia.

Sie machen aber inzwischen schon einen großen Teil der Weltwirtschaftsleistung aus, also ist es gut, sie bei der Anlage zu berücksichtigen. Denn unser Ziel ist es ja, eine möglichst breite Abdeckung zu haben und möglichst mit unserer Investition von der Weltwirtschaft zu profitieren. Außerdem entwickeln sich die Börsen der Schwellenländer womöglich etwas dynamischer als die der klassischen Industrienationen, sorgen also für Rendite.

Als Einsteiger könntest du zum Beispiel siebzig Prozent deines Aktienkapitals in den MSCI World investieren und die restlichen dreißig Prozent in den MSCI Emerging Markets. Mit diesen beiden ETFs hast du also die ganze Welt abgedeckt und bist sehr breit aufgestellt. Beide Fonds zusammen legen ihr Geld in Tausenden von Firmen an. Schon wäre dein Depot für den Einstieg fertig, mehr braucht es nicht. Ziemlich einfach, oder?

Noch einfacher ist es für denjenigen Anleger, der sein Aktiendepot nur mit einem ETF bestückt und einfach den MSCI All Country World Index (ACWI) kauft, er besteht zu neunzig Prozent aus dem MSCI World (Industrienationen) und zu zehn Prozent aus den MSCI Emerging Markets (Schwellenländer).

Wichtig ist, dass du dein Depot so einfach wie möglich gestaltest. Gerade Anfänger neigen dazu, viel zu viele Produkte zu kaufen und sich ein zu kompliziertes Portfolio aufzubauen. Mein Freund Robert traute sich lange nicht, sein Geld in den MSCI World zu investieren. Er glaubte, es sei keine gute Idee, alles in nur ein Produkt zu stecken. Das sei ihm zu riskant.

Also kaufte Robert noch weitere ETFs, die die deutschen und europäischen Aktienmärkte abbildeten. Er glaubte, damit das Risiko zu senken, weil er sein Geld ja auf mehrere Produkte verteilt hatte. Doch das war ein Denkfehler: Denn die Unternehmen, die in den deutschen und europäischen ETFs enthalten waren, steckten ja bereits im MSCI World. Er kaufte diese Aktien also doppelt oder dreifach. Die Folge: Wenn die Aktien dieser europäischen Unternehmen fielen, machte sich das auch mehrfach in seinem Portfolio bemerkbar, weil die Kurse sowohl im MSCI World als auch in den europäischen ETFs fielen. Er senkte also mitnichten sein Risiko, sondern gewichtete europäische Unternehmen nur stärker. Wenn man davon überzeugt ist, dass sich die europäischen Märkte in Zukunft stärker entwickeln als andere, kann man das durchaus machen.

Man sollte aber nicht glauben, dass das Portfolio zwangsläufig breiter aufgestellt ist, je höher die Anzahl der darin enthaltenen ETFs ausfällt. Eine größere Anzahl an Produkten senkt nicht unbedingt das Risiko, sondern erhöht es mitunter sogar. Hinzu kommt: Je mehr ETFs du hältst, desto höher sind deine Kosten, weil du jedes Mal eine Verwaltungsgebühr zahlst.

Die Gefahr ist groß, sich zu verheddern, wenn man vier oder mehr ETFs hält. Ein ETF-Depot soll einfach aufzubauen und zu pflegen sein.

Lena, meine ehemalige Schulfreundin, machte es sich zum Beispiel sehr einfach, als sie das Geld ihrer Großeltern nach dem Abitur anlegte. Sie steckte das gesamte Geld in nur einen ETF auf den MSCI World, dann wartete sie ab. Nach neun Jahren betrug die Rendite 125 Prozent. Ohne dass sie dafür etwas tun musste.

Schritt 3: Den passenden ETF finden
Hast du dich für eine simple Portfoliovariante entschieden, überlege im nächsten Schritt, von welchem Anbieter du die ETFs kaufst. Es gibt unzählige Banken und Fondsgesellschaften, die etwa einen ETF auf den MSCI World aufgelegt haben. In Europa am größten sind ETFs der Marke iShares, die zum Vermögensverwalter BlackRock gehören. Außerdem bekannt sind ETFs des Anbieters Xtrackers, die bei der Deutschen Bank angedockt sind, sowie ETFs der Marke Lyxor, die im Besitz der französischen Société Générale sind. Auch ETFs des Anbieters ComStage, der ursprünglich zur Commerzbank gehörte, finden sich immer wieder.

Dabei gilt als Erstes, auf die Kosten eines ETFs zu achten, also die Verwaltungsgebühr, die einmal jährlich automatisch von deinem Anlagewert abgezogen wird. Diese ist meistens mit der Gesamtkostenquote (Total Expense Ratio, TER) angegeben und liegt meist zwischen 0,1 und 0,5 Prozent. Um diesen Betrag sinkt also deine jährliche Rendite. Die TER umfasst die pauschalen Gebühren, die beim ETF für Verwaltung, Depotbank und das Erstellen von Anlegerinformationen anfallen. Dazu kommen die Mehrwertsteuer und andere kleinere Gebühren. ETF-Anbieter schätzen die TER und ziehen sie in der Regel monatlich oder vierteljährlich von deinem Fondsvermögen ab.

Nicht enthalten sind dabei die Orderkosten, die dir beim Kauf oder Verkauf eines ETFs entstehen. Diese sind je nach Depotanbieter unterschiedlich. Bei jedem Anbieter werden ETFs zu unterschiedlichen Kosten verkauft (mehr dazu im nächsten Schritt).

Zweitens gehen die Fonds unterschiedlich mit ihren Erträgen, also den Gewinnen, um. Entweder die Fonds sind thesaurierend. Das heißt, sie legen die erwirtschafteten Renditen automatisch wieder an. Das Fondskapital wächst also durch die Rendite. Oder die Fonds sind ausschüttend, da werden die Erträge dann regelmäßig ausbezahlt. Für junge Anleger, die langfristig Vermögen aufbauen wollen, eignen sich aber vor allem thesaurierende Fonds, damit das Kapital schön anwächst. Denn wir wollen das Geld ja nicht zwischendurch ausgeben, sondern es langfristig vermehren.

Drittens unterscheiden sich die Fonds in ihrer Bauart, also ihrer sogenannten Replikationsmethode. Das ist zugegebenermaßen etwas kompliziert, aber man sollte es als passiver Investor zumindest mal gehört haben.

Es gibt sogenannte physische ETFs, die nahezu vollständig den Aktienkorb kaufen, der den Referenzindex ausmacht. Das bedeutet stark vereinfacht erklärt: Der ETF-Konstrukteur beauftragt einen Broker, alle Aktien zusammenzukaufen, die den MSCI World ausmachen. Die Broker-Kollegen schauen also in der Indextabelle nach, welche Firmen im Index sind und welchen Anteil sie daran haben. Anschließend kaufen sie die Aktien je nach ihrer Gewichtung.

Solche ETFs sind bei meinen Freunden sehr beliebt, weil sie verständlich und transparent sind: Anleger bekommen genau das, was draufsteht, nämlich in einem Produkt gebündelt die Aktien eines Index.

Das Problem bei physischen Fonds: Diese Art der Replikationsmethode ist sehr teuer. Denn bei jedem Kauf einer Aktie entstehen dem Broker Kaufgebühren, die Wertentwicklung eines rein physischen Fonds wird wegen dieser Gebühren also deutlich geringer ausfallen als die des tatsächlichen Index. Kein Anleger wird so eine Abweichung vom Index akzeptieren, denn ein ETF soll ja genau die Wertentwicklung eines Index liefern.

Um die Kosten zu reduzieren, kauft ein ETF-Anbieter beim MSCI World also nicht alle 1600 Aktien, sondern nur eine optimierte Auswahl, die ausreicht, um die Wertentwicklung des Index hinreichend gut abzubilden (auf Englisch: *optimized sampling*).

Eine noch günstigere Methode stellen sogenannte synthetische ETFs dar. Diese kopieren den Index mit »Swaps«, sie lassen sich also von einer Partnerbank die Wertentwicklung des jeweiligen Index zusichern, anstatt die tatsächlich im Index enthaltenen Aktien zu kaufen. Im Gegenzug erhält die Bank einen Korb bekannter Aktien vom ETF-Anbieter. Dieser Tausch kann am Ende ein paar Prozentpunkte mehr Rendite rausholen.

Viele meiner Freunde können sich darunter kaum etwas vorstellen, sie nehmen deshalb lieber einen ETF-Anbieter, der Indexaktien einfach nachkauft (physisch repliziert) – und halten dieses Vorgehen darum für sicherer.

Grundsätzlich gilt aber für jeden Fonds und auch für ETFs: Geld, das in Fondsanteilen steckt, ist Sondervermögen und geschützt. Sollte dein ETF-Anbieter pleitegehen, gehören dir deine Fondsanteile weiterhin. Falls deine Online-Bank oder der Broker, bei dem du dein persönliches Wertpapierdepot führst, ausfallen sollte, besteht ebenfalls kein Grund zur Panik. Ein Treuhänder würde das Depot übernehmen und als neuer Ansprechpartner dienen. Denn sollte der Anbieter pleitegehen, wären ja immerhin noch die echten Aktien da, die man verkaufen könnte.

Natürlich sind beide ETF-Typen – wie jeder andere Aktienfonds auch – grundsätzlich dem Risiko am Aktienmarkt ausgesetzt. Müssten im Fonds befindliche Aktien verkauft werden, bekommen Anleger immer nur das Geld, das diese Aktien dann am Markt wert sind. Eine Pleite eines ETF-Anbieters hat es aber bis dato noch nie gegeben.

Ich würde dir deshalb empfehlen, einen günstigen ETF auszuwählen, der zu deinem Sparverhalten passt (ausschüttend oder wiederanlegend) und der bei deinem Depotanbieter kostenlos angeboten wird. Ob der ETF physisch oder synthetisch ist, ist zu vernachlässigen. Ich habe beide Varianten im Depot.

Ich benutze immer wieder die Plattform justETF.com, wenn ich mich durch den ETF-Dschungel kämpfe. Dort gibt es beispielsweise eine Übersicht aller ETFs auf den MSCI World. Du kannst sehen, was die jeweiligen Fonds kosten, wie viel Geld bereits in sie investiert wurde und bei welchem Depotanbieter du sie am günstigsten erwerben kannst. Meine Erfahrung zeigt: Diese Website ist bei der eigenständigen Vermögensanlage unverzichtbar.

Unter diesem Link findest du zum Beispiel eine gute Übersicht über die besten ETFs auf den MSCI World: www.justetf.com/de/how-to/msci-world-etfs.html.

Hast du dich für einen ETF entschieden, brauchst du nur die Wertpapierkennnummer (WKN) bzw. die Internationale Wertpapierkennnummer (englisch International Securities Identification Number, ISIN) zu notieren, um ihn im übernächsten Schritt kaufen zu können.

Schritt 4: Depot einrichten

Hast du dich für einen ETF entschieden, brauchst du noch ein Online-Depot bei einer Direktbank, dort kann man die Bestandteile (also die Aktienindexfonds) gebührenfrei kaufen. Ein Wertpapierdepot ist nichts anderes als eine Art Konto, in dem die Wertpapiere aufgeführt sind, die dir gerade gehören.

Die Online-Depot-Anbieter berechnen nichts für die Verwahrung der ETFs. Auch verlangen die Banken keine Gebühren für das Online-Depot. Bei einer größeren Kaufsumme musst du lediglich eine einmalige Kaufgebühr zahlen sowie die jährlichen Verwaltungsgebühren der ETFs zwischen 0,1 und 0,5 Prozent. Im Durchschnitt kommt ein Anleger also mit jährlichen Kosten von 0,2 bis 0,5 Prozent für seine Geldanlage aus – günstiger geht's nicht. Bei einer Filialbank wären die Kosten bis zu fünfmal so hoch.

Derzeit gute Anbieter für die Führung eines Depots sind:

- Flatex
- Onvista Bank
- Comdirect (Commerzbank-Tochter)
- Consorsbank (BNP-Paribas-Tochter)
- DKB
- ING

Hast du dich für einen Depotanbieter entschieden, musst du auf dessen Website ein Depot/Konto eröffnen. Du solltest dabei darauf achten, dass der Kauf und Verkauf von Wertpapieren möglichst günstig und die Depotführung kostenlos ist. Gib dann beim Anbieter deiner Wahl deine Daten ein und sende den unterschriebenen Vertrag an die Bank.

Nun musst du deine Identität nachweisen. Das geht entweder in einer Postfiliale mit dem Postident-Verfahren oder über eine Videoverbindung zur Bank. Dabei musst du deinen Personalausweis in die Kamera halten. Meistens dauert die Verifikation nur wenige Minuten.

Dann trudeln die Zugangsdaten und die PIN in unterschiedlichen Briefen bei dir ein. Die Banken handhaben dies so, damit das Konto von Anfang an vor Kriminellen geschützt ist. Dann kannst du dich online in dein Depot einloggen, von hier aus kannst du alle nötigen Schritte selbst ausführen. Solltest du eine Frage haben, empfiehlt es sich, den Kundenservice des Depotanbieters anzurufen. Ich habe sowohl bei Flatex, ING und DKB sehr gute Erfahrungen gemacht: Wenn ich ein Problem mit einer Transaktion hatte, wurde mir schnell geholfen.

Schritt 5: ETFs kaufen

Um einen ETF zu kaufen, kannst du nun in einer Maske des Online-Depots die ISIN- bzw. WKN-Nummer des ETFs eingeben.

Dann siehst du den jeweiligen Kurs, zu dem der ETF gehandelt wird. Solltest du zum Beispiel 10.000 Euro in einen MSCI World der Marke iShares investieren wollen, der zum Preis von 45 Euro gehandelt wird, dividierst du deine Investitionssumme durch den Kaufpreis: 10.000 Euro / Kaufkurs von 45 Euro = 222 Anteile. Du kannst also 222 Anteile kaufen.

Schritt 6: Warten und (erst einmal) nichts tun

Hat man das Depot einmal aufgebaut, kann man es weitgehend sich selbst überlassen. Nur einmal im Jahr braucht man zu checken, ob die Gewichtungen noch stimmen. Eine Anpassung sollte erfolgen, wenn ein Fondsanteil zwanzig Prozent vom Wunschwert abweicht. Das ist zum Beispiel der Fall, wenn der Aktienanteil im ausgewogenen Portfolio plötzlich siebzig statt fünfzig Prozent beträgt. Wenn der Aktienanteil höher wird als gewünscht, muss etwas davon verkauft und auf das Tagesgeldkonto überwiesen werden – oder umgekehrt.

Die globalen Aktienmärkte sind derzeit auf einem Rekordhoch und steigen nun schon seit acht Jahren an. Meine Freunde sorgen sich zunehmend, dass die Aktienmärkte abstürzen könnten. Zu lange geht es schon aufwärts. Ja, das könnte bald passieren. Doch gerade wir jungen Menschen haben einen großen Vorteil: Wir haben genug Zeit, solche Krisen auszusitzen. Wir investieren Geld, das wir vielleicht erst in fünf, zehn oder fünfzehn Jahren benötigen werden. Bei so viel Zeit ist in der Vergangenheit regelmäßig eine schöne Rendite rausgekommen – auch wenn es zwischendurch zum Crash kam. Und wenn die dicke Krise kommt, warten wir einfach, bis sie vorüber ist, und schauen am besten erst gar nicht ins Depot.

Wem immer noch nicht wohl bei dem Gedanken ist, sein Geld in Aktien anzulegen, der kann seine Anlagesumme häppchenweise investieren – zum Beispiel jedes halbe Jahr mit einem Sparplan 2000 Euro in denselben ETF. Damit steigt die Chance, einen guten Einstiegszeitpunkt zu erwischen.

Schritt 7: Die Erträge richtig versteuern
Seit 2018 muss die Steuer dir bei der Anlage mit ETFs keine Sorgen mehr bereiten: ETFs werden nach derselben Logik besteuert wie aktiv verwaltete Fonds. Die Steuer führt die Depotbank automatisch für dich ab, du musst dich also um nichts kümmern.

Meine ehemalige Schulfreundin Lena, die nach dem Abitur ihren Einsatz verdoppelt und einen Gewinn von 18.750 Euro erwirtschaftet hatte, musste zum Beispiel darauf eine Kapitalertragsteuer von 25 Prozent zahlen, hinzu kamen Solidaritätszuschlag und Kirchensteuer. Alles in allem zahlte sie knapp 5000 Euro Steuern, also rund 27 Prozent ihres Gewinns. Nur Erträge bis 801 Euro dürfen laut Gesetzgeber steuerfrei kassiert werden. Alles darüber hinaus wird mit einer Kapitalertragsteuer von 25 Prozent versteuert.

Es macht also Sinn, in deinem Konto einen Freistellungsauftrag einzurichten, damit du zumindest einen Teil der Zinserträge steuerfrei kassieren kannst. Falls du schon einen Teil deines Freibetrags für dein Tagesgeldkonto verwendest, kannst du hier noch die restliche Summe angeben.

Wie du monatlich sparen und anlegen kannst – mit Checkliste für Faule

Viele Leser schreiben mir immer wieder, dass sie noch keine größere Summe angespart haben und nur monatlich eine gewisse Summe anlegen wollen. In solch einem Fall eignet es sich, die bereits beschriebene passive Anlagestrategie mit monatlichen Sparplänen umzusetzen.

Die Funktionsweise ist simpel: Bei Aktienfonds-Sparplänen kannst du monatlich einen bestimmten Betrag in einen ETF einzahlen (bei den meisten Direktbanken bereits ab fünfzig Euro). Und wer die Raten zwischenzeitlich nicht bedienen kann, kann die Einzahlungen aussetzen.

Sparpläne, so weit der Konsens unter Finanzexperten, sind essenziell für den Vermögensaufbau. Denn damit diszipliniert sich der Sparer, dauerhaft über eine lange Zeit Geld anzulegen. Der festgelegte Betrag wird automatisch vom Girokonto abgebucht, sodass man das Sparen im Alltag kaum bemerkt. Das Gute an Sparplänen ist, dass man nicht sein ganzes Geld auf einmal investiert, sondern Monat für Monat eine bestimmte Summe zur Seite legt.

Außerdem ist für einen Sparplan das aktuelle Geschehen an den Börsen nicht so wichtig. Wenn die Kurse zu Beginn fallen, ist das verschmerzbar, weil zu diesem Zeitpunkt ja nur wenig Kapital in einem Sparplan steckt. Und weil Schwankungen jeden Monat vorkommen, können Anleger bei niedrigen Kursen mehr Anteile kaufen als bei hohen. Lange hieß es, dass Anleger dabei vom sogenannten Cost-Average-Effekt profitieren. Das sei günstiger, als regelmäßig die gleiche Anzahl von Anteilen zu kaufen. Doch die Wirkung dieses Effekts ist umstritten. Viele Studien zeigen, dass immer wieder auch Einmalanlagen eine bessere Wertentwicklung als Sparpläne erzielen. Je nach Zeitpunkt des Einstiegs entwickeln sich Anlagen mal per Sparplan, mal per Einmalinvestition besser.

Nach Zahlen des Deutschen Aktieninstituts (DAI) ergab seit 1987 ein Sparplan von monatlich fünfzig Euro auf den Leitindex Dax beispielsweise eine Rendite von 7,9 Prozent pro Jahr. Wer auf einen Schlag investierte, freute sich dreißig Jahre später sogar über eine jährliche Rendite von 8,9 Prozent.

Der Cost-Average-Effekt spielt für monatliche Sparer also eine untergeordnete Rolle. Wichtig ist es aber, dauerhaft dabei zu bleiben und während der Einzahlphase nicht die Nerven zu verlieren, falls die Kurse mal fallen sollten. Setzen Sparer Raten aus, sobald die Kurse sinken, kann der Effekt, von günstigen Einstiegskursen zu profitieren, nicht greifen.

Vor allem der Ausstiegszeitpunkt hat einen großen Einfluss auf die Rendite eines Sparplans. Denn gegen Ende der Spardauer hat sich viel Kapital angesammelt, das mit den Kursen schwankt. Gehen die Börsen ausgerechnet dann in die Knie, wenn du deinen Sparplan beenden willst, kann das deine Rendite mindern. Deshalb ist es möglicherweise von Vorteil, die Fondsanteile länger zu behalten als geplant und auf eine Kurserholung zu hoffen, oder schon vorher auszusteigen, wenn das Sparziel erreicht ist.

Checkliste für Faule:
So erstellst du einen Sparplan

1. Zunächst bestimmst du, wie dein Depot aussehen soll, also in welche Anlageregionen du investieren willst. Als Einsteiger könntest du zum Beispiel siebzig Prozent deiner monatlichen Sparsumme in den MSCI World investieren und die restlichen dreißig Prozent in den MSCI Emerging Markets. Bei einer Sparsumme von 300 Euro gehen also 210 Euro in den MSCI World und neunzig Euro in den MSCI Emerging Markets.
2. Analog zur Einmalanlage suchst du dir auf justETF.com einen passenden ETF aus. Dabei solltest du darauf achten, dass der ETF thesaurierend ist, die Erträge also reinvestiert werden, denn gerade bei Sparplänen soll das Kapital auf Dauer anwachsen.
3. Hast du dich für einen ETF entschieden, brauchst du noch ein Online-Depot bei einer Direktbank, dort kann man die Sparpläne kostenlos oder für eine geringe monatliche Gebühr abschließen. Doch bei jedem Anbieter sind verschiedene Sparpläne im Angebot. Eine gute Übersicht, welche ETFs bei welchem Anbieter günstig sind, findest du ebenfalls bei justETF.com: www.justetf.com/de/etf-sparplan/sparplan-vergleich.html. Wähle einen ETF, der bei deinem Anbieter für eine geringe monatliche Gebühr angeboten wird. Sonst zahlst du monatlich einen hohen Betrag. Notiere dir die jeweilige WKN- oder ISIN-

Nummer, um den ETF in deinem Online-Depot zu finden. Als gute Alternative eignet sich der Test der Website Extra-ETF: www.extraetf.com/etf-sparplan

4. Klicke dann in deinem Online-Depot auf den Button »Sparplan anlegen/einrichten«, und los geht's. Im nächsten Schritt wählst du aus, wie viel Geld du pro Monat einzahlen willst und über wie viele Jahre der Sparplan laufen soll. In der zweiten Maske wirst du gebeten, die ISINs oder WKNs für die gewünschten ETFs anzugeben.
5. Nun gilt es zu entscheiden, von welchem Konto du die Sparrate abgebucht haben willst. Dabei kannst du ein hauseigenes Konto deines Brokers wählen, oder du lässt den Betrag per Lastschrift vom Girokonto einziehen. Du kannst den Sparplan jederzeit unterbrechen oder aussetzen.

Wie du Geld nachhaltig anlegen kannst

Als guten Einstieg und Basisanlage für einen langen Zeitraum habe ich in diesem Buch bereits mehrfach ETFs auf den Index MSCI World empfohlen, der rund 1600 Unternehmen aus 23 Ländern umfasst und damit beinahe die gesamte Weltwirtschaft abdeckt.

Der Riesenindex hat aber einen Nachteil: Er enthält auch Waffenunternehmen, Klimasünder oder Firmen, die ihre Mitarbeiter schlecht behandeln oder im Verdacht stehen, von Kinderarbeit zu profitieren. Denn er deckt nun mal die gesamte Weltwirtschaft ab. Einige wollen auf dieser Basis keine Aktien kaufen. Kürzlich schrieb mir eine Leserin: »ETFs sind sehr schmutzig, davon lasse ich lieber die Finger.«

Der Wunsch, auch bei der Geldanlage auf Nachhaltigkeit zu achten, passt in eine Zeit, in der Schüler für mehr Klimaschutz streiken (Fridays for Future) und die Grünen bei Wahlen so erfolgreich abschneiden wie nie zuvor.

Dass die Anlage in nachhaltige Investments die Rendite schmälere, kommt immer wieder zur Sprache, ist aber ein Mythos. Das haben drei Wissenschaftler in einer großen Meta-Studie bereits vor einigen Jahren bewiesen. Sie untersuchten

2000 Studien, die sich mit der Rendite von nachhaltiger Geldanlage auseinandersetzten. Neunzig Prozent kamen zu dem Ergebnis, dass Nachhaltigkeitskriterien keinen negativen Einfluss auf die Rendite haben.

Inzwischen gibt es unzählige Wege, Geld ethisch-ökologisch anzulegen. Es ist aber extrem schwierig, im Gewirr der Produkte den Durchblick zu behalten. Denn es gibt keine einheitlichen Kriterien dafür, was »nachhaltig« überhaupt bedeutet – und welche Aktien als nachhaltige Investments einzustufen sind. Wie schwer die konkrete Bewertung von Firmen ist, zeigt sich bei führenden Datenanbietern, die seit Jahren Nachhaltigkeitsindizes anbieten: Der Elektroautobauer Tesla etwa landet in einem Nachhaltigkeitsranking von MSCI auf einem Top-Platz, belegt aber beim »Environmental Social Governance«-Rating von Indexanbieter FTSE nur einen hinteren Rang.

Bei der Auswahl der Firmen legt jeder Fonds, der mit einem Nachhaltigkeitssiegel wirbt, völlig unterschiedliche Maßstäbe an. Manche Fonds meiden etwa Aktien von Firmen der Rüstungs-, der Atom- oder der Ölbranche komplett. Andere Fonds wiederum investieren gezielt in Unternehmen, die sich in ihrer umstrittenen Branche besonders hervortun, der sogenannte Best-in-Class-Ansatz. Der Fonds investiert dann – vereinfacht gesagt – in die Kohlefirma, die sich am meisten darum bemüht, ihren CO_2-Ausstoß zu senken. Eine Investition in eine Firma mit hohem CO_2-Ausstoß und einer Strategie zum Abbau dieser Emissionen soll dieser Logik folgend sinnvoller sein, als einfach nur in das Unternehmen zu investieren, das den niedrigsten CO_2-Ausstoß vorweist. So soll ein Wettbewerb um die besten Innovationen angestoßen werden.

Das perfekte grüne Produkt, ohne höheres Risiko und mit niedrigen Kosten, existiert noch nicht. Wer nachhaltig anlegen will, muss wissen, was er will, Kompromisse eingehen und am Ende selbst entscheiden, was ihm am wichtigsten ist.

Wenn du darüber nachdenkst, wie du selbst mit dem Thema umgehen kannst, hast du diese vier Möglichkeiten:

1. Die Premium-Bio-Anlage
Du suchst dir einen aktiv verwalteten Öko-Fonds aus. Bei solchen ist ein Fondsmanager dafür verantwortlich, die Aktien auszuwählen, die er für besonders nachhaltig hält.

Die Zeitschrift *Finanztest,* die von der Stiftung Warentest herausgegeben wird, hat zum Beispiel jüngst in einer groß angelegten Untersuchung unter 300 Fonds empfehlenswerte Aktienfonds herausgefiltert, die *nicht* in folgende Arten von Unternehmen investieren.

- Hersteller geächteter Waffen
- Atomkraftbetreiber
- Firmen, die Arbeits- und Menschenrechtsverstöße dulden

Einige dieser Fonds haben sogar noch weitere Ausschlusskriterien hinzugefügt.

Nachhaltige Weltaktienfonds

Name	WKN
F&C Responsible Global Equity A EUR Inc	A0H0G1
GreenEffects NAI-Wertefonds Acc	580265
JPMorgan Global Socially Responsible Fund D	603002
NN (L) Global Sustainable Equity	812837
Ökoworld Ökovision Classic C	974968
Swisscanto (LU) Portfolio Fund Green Invest Equity AA	216770
terrAssisi Aktien I AMI P	984734
UniNachhaltig Aktien Global	A0M80G

Quelle: Finanztest, Stand: März 2018,
aktualisierte Tagesergebnisse findest du auf der Website der Stiftung Warentest.

Was die Rendite angeht, sind sie mit herkömmlichen ETFs vergleichbar. Allerdings sind die Risiken etwas höher, weil sie weniger breit investieren – da sie eben einige Branchen ausschließen. Der Clou beim passiven Investieren mit ETFs ist ja gerade, »den ganzen Markt zu kaufen«, also eine sehr breite Auswahl an Unternehmen.

Was aber viel wichtiger ist: Nachhaltige aktive Aktienfonds haben oftmals deutlich höhere Kosten als ETFs. In jedem Fall bezahlst du bei aktiv verwalteten Fonds höhere laufende Verwaltungsgebühren (bis zu 2,5 Prozent) als bei einem Aktien-Indexfonds (in der Regel zwischen 0,2 und 0,5 Prozent). Außerdem wird ein sogenannter Ausgabeaufschlag fällig. Er kann bis zu fünf Prozent deiner Anlagesumme ausmachen – der Fonds muss ihn über die Jahre erst wieder verdienen.

Ich halte es wegen dieser hohen Kosten für unwahrscheinlich, dass ein Ökofonds langfristig besser abschneidet als ein ETF auf einen breiten Weltaktienindex. Dafür hast du aber auch kein schlechtes Gewissen.

Auch könntest du dein Geld in Spezialfonds anlegen, die gezielt in Branchen wie erneuerbare Energien investieren. Davon sollten Anleger aber grundsätzlich die Finger lassen – solche Investments sind extrem riskant, weil ein sogenanntes Klumpenrisiko besteht. Solche Fonds sind von Kurseinbrüchen stärker betroffen als Fonds, die auf mehrere Branchen setzen und somit Verluste in einem Bereich auffangen können. Deutsche Anleger haben beispielsweise mit Solaraktien viel Geld verloren.

2. Klassische Faulpelz-Anlage

Du investierst in klassische ETFs, wie wir es bereits besprochen haben, und setzt als passiver Anleger darauf, dass der Weltaktienindex MSCI World quasi automatisch in Zukunft nachhaltiger sein wird. Denn wenn beispielsweise in einigen Jahren die Kohlevorkommen erschöpft sind, werden Kohlefirmen pleite gehen, aus dem Index fliegen und womöglich von grünen Energiefirmen ersetzt werden. Ein Welt-ETF bildet alle Entwicklungen der Weltwirtschaft automatisch ab, da der Fonds immer die größten 1600 Firmen der Welt in den Index aufnimmt. Und in vierzig oder fünfzig Jahren werden das andere Firmen sein als heute. Zugegeben: Davon sind wir noch meilenweit entfernt, du könntest aber deshalb den Transformationsprozess nicht nur über deine Anlageentscheidungen beeinflussen, sondern auch auf andere Art beschleunigen. Zum Beispiel indem du als Verbraucher weniger oder kein Fleisch isst, weniger Auto fährst und dich in den politischen Prozess miteinbringst. Ich finde, es schließt sich nicht aus, grün zu wählen, im Alltag auf Nachhaltigkeit zu achten und trotzdem in einen klassischen MSCI World zu investieren. Mit der erzielten Rendite kannst du ja auch etwas Gutes tun, zum Beispiel einen Teil spenden oder für nachhaltige Produkte ausgeben.

3. Die Kompromiss-Lösung
Wenn du ein Mindestmaß an Nachhaltigkeit bei deiner Geldanlage haben willst, kannst du auf nachhaltige ETFs setzen. Im Bereich der ETFs ist das Angebot an nachhaltigen Produkten zwar karg, es gibt jedoch zumindest einige wenige, die sich als Alternative zum MSCI World eignen.

Da wäre zum Beispiel der MSCI World Socially Responsible Index (Stand Juni 2019). Er schließt etwa Waffen und Rüstung, Atomkraft, Alkohol, Tabak, Glücksspiel und Agrar-Gentechnik aus. Auch Kinderarbeit und Menschenrechtsverletzungen sind auf der Tabuliste. Außerdem werden nur Firmen in den Index aufgenommen, die ein hohes ESG-Ranking aufweisen. Die Abkürzung ESG steht dabei für die englischen Begriffe *environment, social* und *governance* (Umwelt, Soziales und Unternehmensführung). MSCI beschäftigt eine Vielzahl von Analysten, die dieses Rating erarbeiten. Dabei greifen sie auf öffentlich verfügbare Informationen zurück, zum Beispiel Geschäfts- oder Medienberichte. Der Index enthält rund 400 Aktien aus 23 Ländern. Er ist also relativ breit gestreut, und mit ihm bekommen Anleger wenigstens ein Mindestmaß an Nachhaltigkeit.

In den vergangenen Jahren hat die nachhaltige Variante eine ähnlich hohe Rendite wie der klassische MSCI World eingefahren, außerdem war die Wertschwankung ähnlich hoch.

Als eine weitere Indexalternative zum klassischen MSCI World ist der Dow Jones Sustainability Index World Enlarged einen Blick wert. Er stammt vom US-amerikanischen Verlagshaus Dow Jones, das auch den weltweit bekannten US-Leitindex Dow Jones ins Leben gerufen hat. Der nachhaltige Weltindex soll nach Firmenangaben die knapp 600 nachhaltigsten Unternehmen der Welt inklusive Schwellenländern enthalten. Die Auswahl basiert auf einem umfassenden Fragebogen, der auf nachhaltige Kriterien abfragt. Analysten bewerten und gewichten diese Kriterien und kommen auf einen Nachhaltigkeitsscore. Von den nachhaltigsten Unternehmen kommen die zwanzig Prozent jeder Branche in den Index, die an der Börse am meisten wert sind. Der Anteil US-amerikanischer Aktien liegt bei etwa vierzig Prozent.

Sowohl beim nachhaltigen Index der Firma MSCI wie auch bei Dow Jones sind zum Beispiel führende Internetunternehmen (Apple, Facebook, Google Alphabet, Amazon) nicht im Index enthalten.

Die bekannte ETF-Marke iShares bietet einen ETF (ISIN: IE00B57X3V84) auf den Dow Jones Sustainability Index World an, Stand Juni 2019. Bei der Rendite bleibt der nachhaltige ETF im Fünf-Jahres-Zeitraum 2013 bis 2017 ein Stück hinter seinem klassischen Pendant zurück – und schwankt tendenziell etwas stärker im Wert. Dafür legt der Fonds seine Dividenden selbstständig wieder an.

Was die Nachhaltigkeit angeht, hat die vergleichsweise noch junge ETF-Branche also noch deutliches Verbesserungspotenzial. Es gibt noch zu wenige solcher ETFs am Markt, die beim Thema Nachhaltigkeit wirklich überzeugen.

In den kommenden Jahren werden neue, bessere Produkte auf den Markt kommen. Die Wahrscheinlichkeit ist hoch, dass ein Anleger, der heute auf einen nachhaltigen ETF setzt, ihn in ein paar Jahren durch einen neuen, besseren austauschen muss. Dadurch entstehen wiederum Transaktionskosten, weil beim Kauf und Verkauf eines ETFs Kosten anfallen. Das wollen wir vermeiden. Wie wir bereits festgestellt haben, ist es sinnvoller, über mehrere Jahrzehnte hinweg an einem ETF festzuhalten.

KAPITEL 4:
Geld verwalten & beschützen

Wie du am besten mit einem Börsencrash umgehst

Als Ende 2018 die Börsen weltweit abrauschten, bekam ich eine WhatsApp-Nachricht meines wütenden Freundes Julian. Der Aktienfonds, ein ETF, den ich ihm vor ein paar Monaten empfohlen hatte, sei ein paar Prozent im Minus. »Das Ding läuft nicht. Ich verkaufe die Krücke jetzt!!!«, schrieb mir Julian.

Dieses Erlebnis zeigte mir mal wieder, dass viele meiner Freunde viel zu ungeduldig sind, wenn es um ihre Geldanlage geht. Damit scheinen sie für Aktienfonds wie ETFs nicht geeignet zu sein. Dabei sind ETFs sehr empfehlenswert, weil Anleger sie bequem in ihrem Online-Depot steuern können.

Und genau darin liegt für viele offenbar das Problem. Heutzutage daddeln viele am Smartphone herum, checken ständig die Kursstände und werden panisch, wenn es an der Börse mal nach unten geht. Doch das ist bei Aktien ganz normal und gehört dazu. Mein Bekannter ist Mitte zwanzig und hat genug Zeit, solche Krisen auszusitzen. Auf sein gespartes Geld wird er frühestens in fünfzehn bis zwanzig Jahren zurückgreifen. Das ist perfekt für eine langfristige Anlagestrategie.

Am besten sollte er bis dahin gar nicht ins Depot schauen – und einfach abwarten. Wer Geld in Aktien steckt, sollte keinen Bedarf haben, darauf schnell zugreifen zu müssen. Denn typischerweise verkaufen Privatanleger gerade dann, wenn es besonders schlimm aussieht. Und wenn sie aussteigen, müssen sie irgendwann wieder den richtigen Einstiegszeitpunkt erwischen. Das ist aber verdammt schwer: Sind nämlich die Aktienkurse bereits über längere Zeit gestiegen, fürchten Anleger, in einen überteuerten Markt einzusteigen. Fallen die Aktienkurse hingegen schon länger, fürchten sie, dass es noch weiter nach unten gehen könnte – und trauen sich dann nicht zu kaufen.

Fakt ist: Wir können den richtigen Zeitpunkt für einen Aktienkauf nicht bestimmen. Niemand kann es. Man sollte ihm deshalb nicht so viel Bedeutung beimessen. Wichtig ist es, auf Dauer investiert und Aktien immer im Depot zu haben. Und wenn es mal wie Ende 2018 bergab geht, sollten Privatanleger am besten gar nicht reagieren.

Bitte versteh mich nicht falsch. Damit meine ich nicht, dass Aktien definitiv immer nur steigen werden. Im Gegenteil: Es ist nicht unwahrscheinlich, dass Anleger auch mal einen richtigen Crash wegstecken müssen. Der Börsenboom hält nun schon neun Jahre an, bald wird es sicher auch mal wieder zu einem heftigen Einbruch kommen. Ich mache mir ernsthaft Sorgen, was mir meine Freunde dann für Nachrichten schicken werden.

Aber wir können Börsencrashs aushalten. Denn langfristig lohnen sich Aktien, auch wenn es zwischendurch zu heftigen Abschwungphasen kommt. In den vergangenen hundert Jahren haben Aktien durchschnittlich eine Rendite von mehr als fünf Prozent erzielt, trotz Weltkriegen und großen Finanzkrisen.

Am besten rechnest du einmal für dich durch, was passieren würde, wenn sich der Anteil, den du in Aktien steckst, um fünfzig Prozent verringern würde. Mithilfe einer solchen Rechnung kannst du dich auf ein mögliches Schreckensszenario vorbereiten. Wenn du nämlich davon ausgehst, dass im Zuge deiner langfristigen Anlage das Depot auch mal kräftig einstürzt, bist du weniger geschockt, wenn die Situation tatsächlich mal eintritt.

Ich weiß aus eigener Erfahrung, dass das Durchhalten richtig schwer sein kann. Als die Briten im Juni 2016 für den Brexit stimmten, gab es zur damaligen Zeit den größten Schock an den Finanzmärkten seit dem Ausbruch der weltweiten Finanzkrise im Jahr 2008.

Ich erinnere mich noch ganz genau an den Tag. Ich war zu Besuch bei Freunden in Berlin und lag mit einer Sommererkältung im Bett, die ich mir kurz zuvor auf einer Urlaubsreise in Athen eingefangen hatte. Während meine Freunde arbeiten waren oder den Sommer am See genossen, verfolgte ich das Brexit-Desaster – mit dem niemand gerechnet hatte – in Online-Medien und am Fernseher. Ich weiß noch, wie ein Börsenexperte bei *n-tv* sagte: »Der Dax hängt über der Kloschüssel. Er kotzt sich aus. Verzeihung, ich habe so etwas noch nie erlebt.«

Ich bereute es sofort, als ich mich an diesem Tag mit meinem Smartphone in mein Online-Depot einloggte. Ich hatte an einem einzigen Tag mehrere Tausend Euro verloren, nahezu alle ETFs notierten rot im Minus, auch mir war zum Kotzen zumute. Wenn sich das über Jahre mühsam angehäufte Geld in Luft auflöst, ist das ein komisches Gefühl. Man fühlt sich machtlos, man bekommt Angst und stellt alles infrage.

Kurz darauf kam es noch schlimmer: Ich konnte mich nicht mehr in mein Online-Depot einloggen, weil die Server meines Anbieters zusammenbrachen. Wegen all der Panik versuchten offenbar Tausende Kunden, auf ihre Konten zuzugreifen und Aktien zu verkaufen. Der Serverzusammenbruch war mein Glück: Ich war gezwungen, das Durcheinander auszuhalten und meine Anteile nicht zu verkaufen.

Schon wenige Monate später hatten sich die Börsen wieder beruhigt und erklommen neue Höchststände. Der Brexit-Crash zeigte mir: Typischerweise verkaufen Privatanleger dann, wenn die Situation am düstersten ist. Gerade in Krisen sollte man deshalb am besten gar nichts tun.

Heißt also: Hat man das Depot einmal aufgebaut, kann man es weitgehend sich selbst überlassen. Nur einmal im Jahr sollte man checken, ob die Gewichtungen noch stimmen. Eine Anpassung sollte erfolgen, wenn ein Fondsanteil zwanzig Prozent vom Wunschwert abweicht. Das ist zum Beispiel der Fall, wenn der Aktienanteil im ausgewogenen Portfolio plötzlich siebzig statt fünfzig Prozent beträgt. Wenn der Aktienanteil höher wird als gewünscht, müssen Aktienanteile verkauft und auf das Tagesgeldkonto überwiesen werden – oder umgekehrt.

Außerdem sollte man die ETFs ein bisschen im Auge behalten. Denn es sind keine starren Produkte, die Anbieter könnten zum Beispiel die Gebühren erhöhen. Auch könnte es passieren, dass dein Depot-Anbieter die Auswahl der ETFs, die er kostenlos anbietet, begrenzt. Deshalb ist es sinnvoll, ab und an bei justETF.com vorbeizuschauen und sich dort seinen ETF näher anzusehen. Dazu musst du nur in der Suchmaske die WKN- oder ISIN-Nummer deines ETF eingeben, und schon bekommst du die wichtigsten Informationen angezeigt.

Langfristige passive Investoren haben also bei der Aktienanlage kaum etwas zu tun, sie müssen sich nur ab und an mit Produktveränderungen herumschlagen. Doch das kommt relativ selten vor. Meinen ersten ETF der Marke iShares auf den MSCI World halte ich inzwischen seit mehreren Jahren, ohne dass sich etwas an ihm geändert hat.

Was taugen Geldanlage-Roboter?

Wer es noch bequemer haben möchte, kann sein Geld auch sogenannten Robo-Advisors anvertrauen. Das sind junge Firmen, die online vorgefertigte Strategien zur Geldanlage anbieten. In einem meist ziemlich einfachen Online-Fragebogen erfassen sie, welches Risiko ein Anleger eingehen kann und will, empfehlen ihm eine Anlagestrategie, nehmen sein Geld und handeln dann ganz automatisch mit den passenden ETFs. Grob vereinfacht bedeutet dies: Anleger mit Lust am Risiko erhalten einen deutlich höheren Aktienanteil zugeteilt als vorsichtige Anleger.

Anschließend bauen die Robos ein Portfolio aus ETFs auf und nehmen bei Marktveränderungen Anpassungen vor. Du kannst dir per App oder Online-Zugang minütlich dein Depot anschauen, Einzahlungen vornehmen, Sparpläne festlegen oder dir dein Geld jederzeit auszahlen lassen. Die Robos bieten also quasi ein Rundum-sorglos-Paket an.

Natürlich wollen die Robos aber auch etwas daran verdienen, verlangen also einen Teil der angelegten Summe als Verwaltungsgebühr. Nach Angaben der Zeitschrift *Finanztest* liegen die Kosten für einen Robo für einen Anleger mit 51.000 Euro zwischen 0,6 und 1,87 Prozent. Diese Summe deines Kapitals verwendet der Robo für die Verwaltung und die Gebühren der ETFs. Die Anbieter sind damit deutlich günstiger als eine Vermögensberatung bei der Bank, aber teurer, als wenn du dich selbst um deine Anlage kümmerst. Zur Erinnerung: Wenn du selbst ETFs kaufst, liegen deine Kosten meist nur zwischen 0,1 und 0,5 Prozent.

Inzwischen können Anleger aus mehr als zwanzig Robo-Advisors wählen. Dazu gehört etwa der Marktführer Scalable Capital, der mit der Direktbank ING zusammenarbeitet, oder Firmen wie Vaamo, growney und Ginmon. Noch ist das Ganze aber ein Nischenthema. In meinem Bekanntenkreis legen nur einige wenige Menschen ihr Geld mithilfe solcher Roboter an. Meist sind das digitalaffine junge Männer, die bereits erste Erfahrungen mit Aktien und ETFs gemacht haben, nun solch einen Roboter ausprobieren wollen und auch Spaß daran haben, sein Verhalten in der Online-App zu beobachten.

Es gibt aber ein wichtiges Unterscheidungsmerkmal bei diesen Anbietern. Auf der einen Seite gibt es die passiven Robos, die eine sogenannte Buy-and-hold-Strategie verfolgen. Sie legen also einmal je nach Risikoneigung des Anlegers eine Aktienquote fest und sorgen dafür, dass der Aktienanteil im Depot immer in etwa gleich bleibt. Den Aktienanteil bestücken sie dann mit weltweiten ETFs, etwa dem MSCI World. Die Portfolios der Anbieter unterscheiden sich nicht großartig von denen, die ich bereits in Kapitel 2 vorgestellt habe. Nur schichten sie dabei das Depot automatisch für dich um (»Rebalancing«), wenn sich die Anteile zu stark im Wert verändern. Zu dieser Robo-Gattung zählen zum Beispiel Vaamo oder Quirion.

Zum anderen gibt es Robos, die sich von dieser passiven Strategie ein Stück weit entfernen und das Geld laufend umschichten. Diese Änderungen nimmt aber kein Fondsmanager wie bei einer Bank vor, sondern ein programmierter Algorithmus. Dieser misst jeden Tag aufs Neue, welchem Risiko dein Depot ausgesetzt ist. Dafür sammeln sie eine Vielzahl von Daten, zum Beispiel darüber, wie sehr die Kurse einzelner Wertpapiere steigen und nachgeben und wie die Entwicklungen verschiedener Wertpapiere miteinander zusammenhängen. Schwankt der Kurs eines ETFs stärker, steigt das Risiko, damit Verluste zu erleiden, und der Algorithmus tauscht die Papiere ganz oder teilweise gegen weniger riskante Anlagen ein. Die aktiven Robos sollen auf diese Weise sicherstellen, dass ein Depot immer in etwa dem gleichen Risiko ausgesetzt ist, für das sich der Kunde entschieden hat. So sollen Krisen gemieden werden, während die passiven Robos diese geduldig aussitzen.

Stefan, ein Freund von mir, der als Software-Entwickler arbeitet, lässt zum Beispiel seit gut einem Jahr einen Teil seiner Ersparnisse von einem Robo verwalten. »Mal schauen, wie er sich schlägt«, sagte er bei einem gemeinsamen Mittagessen zu mir. Er hat sich für den Marktführer Scalable entschieden, dieser steuert sein Depot über den Value at Risk, kurz VaR, der ein verbreitetes Risikomaß in der Finanzbranche ist. Eine VaR von zwanzig Prozent bedeutet etwa, dass der Verlust in einem Jahr mit einer Wahrscheinlichkeit von 95 Prozent nicht mehr als zwanzig Prozent betragen soll. Das Portfolio kann hierzu täglich angepasst werden. Stefan hat dem Robo knapp 20.000 Euro anvertraut, und der Robo ist ständig in Bewegung, fast täglich kauft er Wertpapiere und verkauft andere. »Nach meiner Erfahrung kann es aber dabei zu ungewöhnlichen Mischungen kommen. Ich habe in meinem Portfolio hohe Anteile an Fremdwährungsanleihen oder ein deutliches Übergewicht an Aktien entdeckt«, sagte Stefan, als er durch die Liste der Käufe und Verkäufe scrollte, die der Robo für ihn vorgenommen hat.

Das Problem daran: Anleger, die auf solche Robos vertrauen, verlassen den Pfad des passiven Investierens. Der Algorithmus ist zwar kein Mensch und handelt emotionslos rein nach Datenlage, er nimmt aber aktive Entscheidungen vor. Und wie wir bereits gelernt haben, haben es aktive Strategien in den letzten Jahrzehnten nicht auf Dauer geschafft, den Markt zu schlagen. Der Clou beim passiven Investieren mit ETFs ist ja gerade, »den ganzen Markt zu kaufen«, also eine sehr breite Auswahl an Unternehmen. Unzählige Studien haben bewiesen, dass Anleger auf Dauer besser fahren, wenn sie ganze Indizes kaufen, als auf Fondsmanager zu vertrauen, die gezielt Aktien auswählen. Nun ist die Frage berechtigt, warum man darauf vertrauen sollte, dass gerade Roboter es schaffen, den breiten Aktienmarkt zu schlagen.

Fakt ist: Wie gut die Algorithmen der Robos sind, wird erst die Zukunft zeigen. Denn sie sind erst seit wenigen Jahren am Markt, in einer Börsenphase, in der die Kurse praktisch nur gestiegen sind. Die Renditen der Robos waren bisher ordentlich, aber erst in der nächsten handfesten Krise wird sich zeigen, ob sie dann besser abschneiden als der Gesamtmarkt. Aber dass es so kommen wird, wage ich zu bezweifeln. Denn wenn die Erfinder der Robos wirklich auf den Heiligen Gral des Investierens gestoßen wären und auf Dauer eine Überrendite im Vergleich zum Gesamtmarkt erzielen würden, dann hätten längst die ganz großen Pensionskassen und Profi-Investoren ihr Geld dort angelegt. Haben sie aber nicht. Weil sie offenbar auch an der dauerhaften Überlegenheit dieser Systeme zweifeln.

Hinzu kommt: Als Anleger kann man den Algorithmus kaum durchschauen, er handelt täglich. Man ist also nie sicher, welcher Anteil des Ersparten gerade in Aktien steckt.

Lohnen sich die Robo-Advisors also überhaupt? Für alle, die sich nicht selbst um die Geldanlage kümmern wollen, sind die Anbieter, die eine rein passive Strategie verfolgen, durchaus eine Alternative, zumal die Gebühren niedrig sind. Ob die speziellen Anlageideen, die Ginmon und Scalable verfolgen, sich allerdings wirklich bewähren werden, muss die Zeit erweisen.

Gerade Einsteiger, die monatlich Geld in einen Aktienfonds einzahlen möchten, können das noch deutlich günstiger haben, wenn sie selbst tätig werden: Wer fünfzig Prozent seines Geldes in einen ETF auf den Weltaktienindex MSCI World investiert und fünfzig Prozent auf einem gut verzinsten Tagesgeldkonto liegen hat und das Ausgangsverhältnis regelmäßig wiederherstellt, hat in der Vergangenheit immer ein gutes Geschäft gemacht. Und besonders viel Aufwand ist es nicht.

Vorurteile gegen Aktien im Realitätscheck

Je größer der Erfolg von ETFs, umso lauter melden sich auch Kritiker zu Wort. Wenn das alle machen würden, könnte das ja gar nicht funktionieren, sagte jüngst eine Freundin zu mir auf einer Party. ETFs seien so einfach und massentauglich – irgendeinen Haken müsse es doch geben.

Kürzlich traf sich einer meiner Arbeitskollegen mit einem Finanzberater, der ihm entschieden von ETFs abriet. Er bombardierte ihn regelrecht mit Argumenten. Am Ende des Tages war er so verwirrt, dass er gar nicht mehr wusste, was er tun sollte.

Aber Finanzberater sind von Provisionen abhängig, mit ETFs verdienen sie nichts – dass sie nicht gut auf diese Produkte zu sprechen sind, verwundert also nicht. Gleichwohl sind einige Kritikpunkte an ETFs durchaus berechtigt, es lohnt sich also, die Gegenargumente einmal genauer anzuschauen.

Vorurteil 1: ETFs verstärken mit ihrer Marktmacht den Abschwung, wenn es zu einem Einbruch an der Börse kommt.

Wenn es an der Börse kracht, werden viele Anleger panisch und wollen an ihr Geld. In der Folge verkaufen sie ihre ETF-Anteile, die ETF-Anbieter müssen deshalb Aktien verkaufen, um ihre Anleger auszuzahlen. Wenn es zu solch einem Herdentrieb kommt, kann das den Abschwung beschleunigen, das stimmt. Das stimmt aber für aktiv gemanagte Aktienfonds genauso. Schuld daran sind weniger die Fonds, sondern ist vielmehr das »prozyklische« Verhalten vieler Anleger, bei Panik zu verkaufen.

Vorurteil 2: In einer Abwärtsphase werden Anleger ihre ETF-Anteile nicht los und bleiben auf ihnen sitzen.
Viele Anleger haben die Sorge, dass sie im schlimmsten Fall bei einem Börsencrash ihre Anteile gar nicht loswerden. Denn was passiert, wenn sie verkaufen wollen, aber niemand am Markt die ETF-Anteile haben will?

Wenn das passiert, kommt der sogenannte Market-Maker ins Spiel. Er »macht den Markt«, indem er kauft, wenn keiner kaufen will, und verkauft, wenn keiner verkaufen will. Market-Maker sind Banken, Broker und andere Finanzprofis, die von der ETF-Firma beauftragt werden, um einen flüssigen Handel sicherzustellen.

In einem Börsencrash zahlt der Market-Maker dem ETF-Anleger einen Preis, gibt dann den ETF-Anteil an die ETF-Gesellschaft weiter, die dem Market-Maker wiederum die entsprechenden Aktien herausgibt. Das tun die Marktmacher aber nur, wenn sie einschätzen können, wie viel die Aktien, die sie bekommen, dann wert sind.

Was aber, wenn Aktien an der Börse schnell fallen – oder sogar vom Handel ausgesetzt werden? Dann kann auch der Market-Maker entweder den Handel einstellen, oder er baut eine riesige Sicherheitsmarge ein, sodass er keinen Verlust macht.

So kann es theoretisch passieren, dass der Kurs des ETFs viel geringer ausfällt als die der hinterlegten Aktien. Anleger müssten dann große Verluste hinnehmen.

Diese Abkopplung passiert, wenn überhaupt, aber nur kurzfristig zum Beispiel innerhalb eines Handelstages. Sobald solch ein »Flash Crash« an den Börsen vorbei ist, können die Market-Maker ihre Aufgabe wieder wahrnehmen, und die Kurse der ETFs orientieren sich wieder an den Aktien.

Das mag sich alles ziemlich übel anhören, ist aber für den Durchschnittsanleger nicht relevant. Diese sollten ja gerade im Rahmen einer langfristigen Strategie schwere Krisen aussitzen und nicht ihre Anteile panisch verkaufen, wenn es an den Börsen mal nach unten geht.

Vorurteil 3: Bei synthetischen ETFs, die auf Tauschgeschäften beruhen, besteht die Gefahr, dass man sein Geld nicht wiedersieht, wenn der Anbieter pleitegeht.

Synthetische ETFs kopieren den Index wie schon erläutert mit Swaps, sie lassen sich also von einer Partnerbank die Wertentwicklung des jeweiligen Index zusichern, anstatt die tatsächlich im Index enthaltenen Aktien zu kaufen. Im Gegenzug erhält die Bank einen Korb bekannter Aktien vom ETF-Anbieter (Trägerportfolio). Dieser Tausch kann am Ende ein paar Prozentpunkte mehr Rendite rausholen.

Aber was, wenn der Handelspartner, also die Bank, pleitegeht? Bliebe den Anlegern dann nur der Wert des Trägerportfolios, der viel geringer ausfällt als der Wert aller im Index tatsächlich enthaltenen Aktien?

Nein, denn alle Tauschgeschäfte sind gesichert. Abweichungen des Trägerportfolios von der Indexentwicklung werden meist über Staatsanleihen täglich ausgeglichen. Im Falle einer Insolvenz der Bank werden also sowohl Trägerportfolio als auch Staatsanleihen zu Geld gemacht und an die Anleger ausgezahlt.

Hinzu kommt: Das Ausfallrisiko ist im Extremfall für den Anleger per Gesetz beschränkt. Sobald die Differenz zwischen dem Kurs eines ETFs und den hinterlegten Sicherheiten mehr als zehn Prozent beträgt, müssen neue Sicherheiten nachgeschossen werden, um das Risiko auf null Prozent zurückzusetzen.

Bei einigen Banken übersteigt der Wert der Sicherheiten das Fondsvermögen gar um acht Prozent. Sollte die Partner-Bank ausfallen, kann der ETF-Anbieter diese Wertpapiere verkaufen und so den Verlust ausgleichen.

Vorurteil 4: ETFs gefährden die Stabilität unseres Finanzsystems. Denn durch sie wird alles passiv und träge, weil niemand mehr mit »echten« Aktien handelt.

Wenn alle Welt passiv investieren würde, käme der gesamte Finanzmarkt zum Erliegen, sagen die Anbieter aktiver Anlagestrategien immer wieder. Dieses Schreckensszenario wird gern genutzt, um Stimmung gegen ETFs zu machen. Denn wenn alle Akteure mit ihren ETFs dieselben Aktien kaufen würden, würden einfach alle Aktien am Markt steigen, ohne dass es zu einem Auswahlprozess käme. Nach der Logik des Kapitalismus dürften aber eigentlich nur die Aktien der Unternehmen langfristig steigen, die gesund wirtschaften. Dieser

Mechanismus wäre dahin, wenn durch ETFs einfach »alle Aktien« gekauft würden.

Doch sollte es tatsächlich dazu kommen, würden sich sofort wieder neue Chancen für aktive Anleger ergeben. Sie könnten durch eine eigene Aktienauswahl den Markt schlagen, sodass dann das Szenario, dass alle Anleger nur noch passiv in ETFs investieren, wieder hinfällig ist. Infolgedessen würden wieder verstärkt Anlegergelder in diese Fonds fließen, weil sie höhere Gewinne versprechen. Das geht dann so lange gut, bis wir wieder am Ausgangspunkt sind, bei dem sich aktives Fondsmanagement nicht mehr lohnt, weil es auf Dauer keiner schafft, Ineffizienzen am Markt auszunutzen. Der Zustand, dass alle Marktteilnehmer nur passiv investieren, kann also nie erreicht werden.

Das sind ohnehin alles theoretische Diskussionen, die für einen Wirtschaftsprofessor interessant sein können, doch für dich als normalen Anleger sind sie egal: Denn tatsächlich sind wir von so einer Gemengelage meilenweit entfernt. Trotz der größeren Bekanntheit machen ETFs derzeit weniger als ein Fünftel der weltweiten Anlagesummen von Aktien aus. So viel Gewicht haben ETFs also gar nicht. Den Großteil des Kapitals, das weltweit in Aktien investiert ist, machen immer noch Anlagen in Einzelaktien, Derivate (Termingeschäfte) und aktiv gemanagte Fonds aus.

Fazit

Ja, ETFs sind nicht perfekt und nicht ohne Risiko. Aber kein Anlageinstrument wird das jemals sein. Aktuell sind Indexfonds für Privatanleger aber die beste langfristige Geldanlage, die ich kenne. Die Wissenschaft hat immer wieder festgestellt: Kein anderes Instrument liefert für Anleger ein so gutes Risiko-Rendite-Profil wie ein ETF. Wenn du Argumente gegen ETFs hörst, achte also immer darauf, wer sie vorträgt. Möglicherweise möchte diese Person einfach ihr (aktives) Produkt verkaufen.

Und was ist mit Gold und Immobilien?!

Kaum ein Finanzthema begeistert meinen Bekanntenkreis so sehr wie Immobilien. Selbst die Leute, die sich nicht gern mit Geldanlage beschäftigen, fragen mich immer wieder, ob es nicht doch eine gute Idee wäre, das mühsam Ersparte in eine Wohnung oder in ein Haus zu stecken. Aktien und ETFs seien zwar schön und gut, aber an einer Immobilie führe doch kein Weg vorbei, sagte jüngst der Vater eines Freundes zu mir.

Denn inzwischen hat wirklich jeder mitbekommen, dass Häuserpreise und Mieten in den deutschen Großstädten seit Jahren stark steigen. Kürzlich war ich auf einer WG-Party, da wurde die Geschichte eines jungen Mannes erzählt, der mit einem Immobilieninvestment reich geworden war. Er hatte sich Geld von seiner Oma geliehen, damit ein heruntergekommenes Mehrfamilienhaus in Berlin gekauft, es saniert und nur wenige Jahre später für das Mehrfache des Kaufpreises verkauft. Solche Geschichten vom schnellen Reichtum befeuern den Boom natürlich. Da will man auch als Privatanleger dabei sein.

Doch das ist selten eine gute Idee. Trotz des wahnwitzigen Immobilienbooms sollten gerade junge Anleger grundsätzlich die Finger von Immobilien lassen. Für den persönlichen

Lebensplan ist es natürlich möglicherweise sinnvoll, für ein eigenes Haus zu sparen und dann darin zu wohnen. Unter den richtigen Umständen kann es auf Dauer günstiger sein, sich eine Wohnung zu kaufen, als zur Miete zu wohnen. Aber als reine Geldanlage eignen sich Immobilien für den Normalverbraucher einfach nicht.

Zum einen ist es extrem riskant, sein ganzes Geld auf nur eine Immobilie zu setzen. Denn ob der Preis eines Hauses steigt, hängt zum Beispiel davon ab, wie sich die Kreditzinsen oder die Nachfrage nach Wohnraum in einer Stadt entwickeln. Das sind Faktoren, die selbst Profis kaum vorhersagen können. Die Wette kann aufgehen, oder eben nicht. Anleger setzen sich in so einem Fall einem extremen Klumpenrisiko aus, wenn sie den Großteil ihres Vermögens in nur einem Objekt bündeln.

Zudem fallen beim Erwerb von Immobilien hohe Kaufnebenkosten an: Grunderwerbsteuer, Notargebühren und gegebenenfalls Maklergebühren können diese Kosten auf fünfzehn Prozent des Kaufpreises hochtreiben. Hinzu kommt: Bei Immobilien entstehen für den Anleger hohe Unterhaltungs- und Reparaturkosten, die die Rendite schmälern. Wer eine Eigentumswohnung erwirbt, macht sich zudem abhängig von einem einzigen Mieter. Und wer kümmert sich um einen Nachmieter, falls dieser auszieht? Ein Immobilieninvestment kann viel Stress bedeuten und ist für Einsteiger völlig ungeeignet.

Für junge Anleger kommt erschwerend hinzu, dass das in eine Immobilie investierte Geld erst einmal für Jahrzehnte weg ist. Sie kommen nicht mal eben so an ihr Geld heran, wenn sie es doch für eine Anschaffung brauchen.

Nun könnte man entgegnen, dass Anleger ihr Kapital ja auch in einen Immobilienfonds stecken könnten, bei dem Fondsmanager das Geld der Anleger über eine Vielzahl von Immobilien streuen. Damit wäre das Risiko gesenkt, und die Investoren könnten ihre Fondsanteile jederzeit wieder verkaufen. Aber auch diese Form der Immobilienanlage ergibt für Privatanleger wenig Sinn.

Erstens sind diese Fonds sehr teuer und verschlingen hohe Gebühren. Noch viel wichtiger ist aber zweitens: Langfristig schneiden Immobilien bei der Rendite nicht so gut ab, wie man denkt. Wissenschaftler der London Business School haben sich für die Schweizer Großbank Credit Suisse die Wertentwicklung von verschiedenen Anlageklassen in elf großen Ländern seit 1900 angesehen. Das Ergebnis: Nach Abzug aller Kosten erzielten Immobilien in diesem extrem langen Zeitraum eine negative Rendite von minus zwei Prozent pro Jahr. Aktien hingegen schneiden langfristig erheblich besser ab: Sie kamen in den vergangenen 118 Jahren auf eine durchschnittliche Rendite von 5,4 Prozent pro Jahr (inklusive Dividenden). Und das, obwohl es in dem betrachteten Zeitraum zwei Weltkriege und mehrere heftige Wirtschaftskrisen gab.

Aktien schlagen alles
Weltweite Renditen von Anlageklassen von 1900 bis 2018, pro Jahr

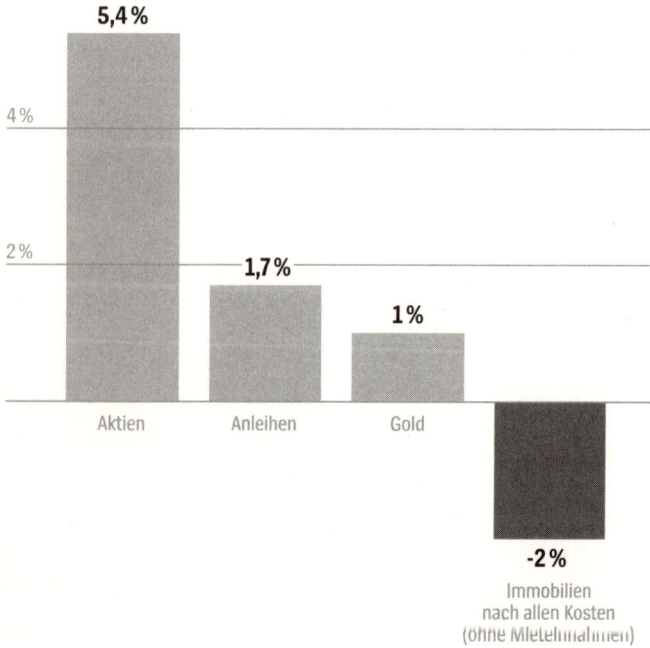

Quelle: Credit Suisse Global Investment Returns Yearbook 2018

Dabei sind Mieteinnahmen aber nicht berücksichtigt, berücksichtigt man sie, schneiden Immobilien deutlich besser ab. Eine Studie der Universität Bonn kommt zu dem Ergebnis, dass Wohnimmobilien seit 1870 weltweit im Schnitt 8,7 Prozent Rendite pro Jahr erzielt haben. Aktien kamen »nur« auf 7,3 Prozent.

Doch selbst wenn die Renditen von Immobilien im Schnitt knapp über denen von Aktien liegen sollten, lässt sich das Ergebnis nicht so einfach auf eine Anlageentscheidung übertragen. Denn für einen Einzelnen ist es kaum möglich, ein so breit diversifiziertes Immobilienportfolio zu kaufen und die weltweite Durchschnittsrendite von Immobilien zu erzielen – es sei denn, man ist ein Milliardär und man kauft Wohnungen und Häuser auf der ganzen Welt.

Für private Aktienanleger ist es hingegen problemlos möglich: Sie kaufen einfach einen ETF auf den MSCI World und fahren die jährliche Durchschnittsrendite des Weltaktienmarkts ein. Und das zu äußerst geringen Kosten.

Ich habe viele wütende E-Mails von Lesern bekommen, als ich über die Nachteile von Immobilien bei der Geldanlage auf spiegel.de berichtet habe. Viele schrieben mir, ich sei im Unrecht, und rechneten mir vor, wie sich der Preis ihrer Immobilie in den vergangenen Jahren vervielfacht hätte. Das freut mich wirklich sehr für sie, aber da haben sie wohl einfach Glück gehabt. Die Immobilienmärkte liefen zuletzt extrem gut, wer garantiert mir, dass das auch in Zukunft so sein wird? Und ließe sich die erzielte Rendite für einen jungen Anleger, der JETZT in den Markt einsteigen würde, noch einmal genauso wiederholen?

Weil wir nicht wissen, was die Zukunft bringt, sollten wir unser Geld möglichst breit streuen. Ich fühle mich weitaus besser damit, mein Geld mit günstigen Indexfonds über Tausende Aktien aus der ganzen Welt zu streuen, anstatt alles in nur eine Immobilie zu stecken. Da ist das Risiko einfach viel geringer, und die Verwaltung der Anlage ist auch deutlich bequemer. Denn mit einer Immobilie hat man ziemlich viel Arbeit.

Wenn man Glück hat und den richtigen Riecher, kann man mit dem Vermieten durchaus gutes Geld verdienen, das will ich gar nicht bestreiten, allerdings ist das kein Geschäft, das man so nebenher betreiben kann. Alle erfolgreichen Immobilieninvestoren, die ich kenne, sind Architekten, Bauingenieure oder Handwerker und betreiben das Geschäft aktiv in ihrem Hauptberuf. Otto-Normal-Anleger, die mal eben so mit Immobilien reich geworden sind, sind mir nicht bekannt.

Neben der Immobilie übt Gold einen großen Reiz auf meine Freunde aus. Damit könne man doch nichts falsch machen, sagen viele. Doch auch Gold macht für den Privatanleger einfach keinen Sinn. Real, also nach Abzug der Inflation, betrug die Rendite von Gold seit 1900 mickrige ein Prozent pro Jahr. Der langfristige Ertrag des Edelmetalls liegt damit sogar noch unter dem von kurzfristigen Einlagen wie Sparbüchern. Denn Gold verzinst sich nun mal nicht, man ist allein auf die Kursentwicklung angewiesen.

Natürlich ist Gold weiterhin ein Instrument, um sich gegen Schreckensszenarien abzusichern. Gehen wir von einem Weltkrieg oder einem Zusammenbruch der Weltwirtschaft aus, könnte das Edelmetall zur Wertaufbewahrung und womöglich auch als Zahlungsmittel wichtig werden – wenn das klassische Geld wertlos werden würde. Dann würden diejenigen, die sich Gold in den Tresor gelegt haben, zu den Gewinnern gehören. Auch Immobilieninvestoren stünden dann womöglich gut da, denn sie hätten immerhin einen realen Wert.

Man könnte also sagen, dass solche Investments nichts anderes sind als eine Wette darauf, dass sich die Lage an der

Weltwirtschaft verdüstern wird. Ähnlich wie bei einer Versicherung. Sie zahlt sich für den Kunden nur aus, wenn der Schadensfall eintritt.

Wenn du also wirklich von einem Weltuntergangsszenario ausgehst, solltest du nicht nur auf Gold setzen, sondern dir einen Vorratsbunker zulegen und lernen, wie man sich selbst mit Nahrung versorgt.

Einige Vermögensplaner empfehlen, einen kleinen Teil des Vermögens in Gold zu investieren – als Absicherung für schlechte Zeiten. Mach das gern, wenn du dann besser schlafen kannst. Ich würde aber davon abraten, den Großteil des Geldes in Gold und in Immobilien zu stecken und davon zu träumen, damit reich zu werden.

Ein Banker der Royal Bank of Scotland drückte es einmal so aus: »Ich wünsche Ihnen, dass Gold nie Ihr bestes Investment ist – denn dann haben wir alle ganz andere Probleme.«

Hinzu kommt: Rohstoffe kosten ihren Besitzer erst einmal Geld, weil sie gelagert werden müssen. Etwa in einem Bankschließfach.

Für junge Anleger ist die langfristige Anlagestrategie also relativ simpel: Je nach Risikogewichtung verteilt man sein Geld auf risikoreiche, renditestarke Aktien und behält eine Reserve auf dem Tagesgeld- oder Festgeldkonto. Mehr braucht es nicht.

KAPITEL 5:
Rente & Versicherungen

Wie funktioniert die gesetzliche Rente und reicht sie überhaupt?

»Darum müsste ich mich eigentlich mal kümmern.« Das ist so ein Satz, der oft kommt, wenn es in Gesprächen mit Freunden um die Rente geht. Das Thema ist so etwas wie der Endgegner im Parcours der Finanzentscheidungen. Man assoziiert die Rente mit dem Altwerden oder gar dem Sterben, das verdrängt man als junger Mensch lieber.

Dennoch ist es wichtig, sich das Thema zumindest so früh wie möglich anzuschauen. Das Gute daran:

Du musst dich mit der Sache nur einmal (am besten zum Start deines Berufslebens) beschäftigen und eine Entscheidung treffen. Dann hast du über mehrere Jahre Ruhe vor diesem lästigen Thema und kannst dich mit dem Hier und Jetzt beschäftigen.

Also gehen wir es an. Im Grunde genommen funktioniert das deutsche Rentensystem nach einem simplen Prinzip: Die Jungen zahlen für die Alten. Wer in Deutschland arbeiten geht, muss einen Teil seines Gehalts abgeben. Dieses Geld verteilt die Rentenversicherung dann an die Pensionäre. Das Prinzip gibt es schon seit Anfang des 20. Jahrhunderts. Die Arbeitenden sollen sicherstellen, dass die Alten in Ruhestand gehen können. Dafür dürfen sie sich darauf verlassen, dass die nachfolgenden Generationen das Gleiche später auch für sie tun.

Wie viel Rente du später bekommst, hängt davon ab, wie viele Rentenpunkte du sammelst. Einen Punkt bekommt man, wenn man in einem Jahr das deutsche Durchschnittseinkommen verdient hat. Aktuell sind das ca. 38.000 Euro. Wer mehr verdient, kriegt mehr als einen Punkt, wer weniger verdient, weniger. Aus den gesammelten Punkten wird die Rente berechnet. Das heißt: Je länger man arbeitet, desto mehr Punkte sammelt man und desto höher ist die spätere Rente.

Doch das Ganze birgt ein Problem: Die gesetzliche Rentenversicherung ist durch die Alterung der Gesellschaft unter Druck geraten. Weil die Geburtenraten gesunken sind, leben in Deutschland immer mehr ältere und immer weniger jüngere Menschen. Hinzu kommt: Dank des medizinischen Fortschritts ist auch die Lebenserwartung deutlich gestiegen. Es gibt also nicht nur mehr Senioren als früher, sie leben auch deutlich länger – und beziehen länger Rente. Die Gesellschaft überaltert.

Es gibt eine Messgröße, die das Problem der Rentenversicherung gut verdeutlicht: den sogenannten Altenquotienten. Er setzt die Zahl der Menschen über 65 Jahren ins Verhältnis zur ökonomisch aktiven Bevölkerung (20 bis 65 Jahre). 1995 lag der Altenquotient bei 0,25 – auf 100 Jüngere kamen also 25 Rentner. Vier Jüngere finanzierten mit ihren Rentenbeiträgen also einen Rentner. Inzwischen liegt der Altenquotient bereits bei 0,33 – nur noch drei Arbeitende finanzieren heute also einen Ruheständler, 2030 werden es nur noch zwei Jüngere sein.

In den kommenden Jahren wird der Altenquotient rasant ansteigen und dürfte Prognosen des Bundesinstituts für Bevölkerungsentwicklung (BIB) zufolge 2060 bei 0,64 liegen – dann werden drei Jüngere zwei Rentner finanzieren müssen. Meiner Generation stehen also immer mehr Rentenempfänger gegenüber. Und wenn wir selber im Rentenalter sind, wird es weniger Beitragszahler geben, die für uns aufkommen.

Die gesetzliche Rente hat aus diesem Grund inzwischen nicht mehr den Anspruch, allein den Lebensstandard im Alter zu sichern – sondern dient nur noch als Mindestabsicherung. Deshalb ist im Zusammenhang mit der Rente oft die Rede von den »drei Säulen«. Hinter diesem Konzept steht die Idee, die durch den demografischen Wandel zu erwartenden Einbußen bei der gesetzlichen Rentenversicherung durch ergänzende Vorsorgeinstrumente abzufedern.

Als erste Säule wird vor allem die gesetzliche Rentenversicherung bezeichnet (für Beamte und Freiberufler gibt es eigene Systeme). Sie ist für mehr als zwei Drittel der Erwerbstätigen eine Pflichtversicherung.

Die zweite Säule umfasst die geförderte Vorsorge, dazu zählen Verträge der betrieblichen Altersvorsorge und Riester-Verträge. Sie richtet sich vor allem an Arbeitnehmer.

Als dritte Säule wird in Deutschland die ungeförderte Vorsorge bezeichnet, im Prinzip fallen darunter alle Formen der Geldanlage – vom Aktiendepot bis zum Festgeldkonto. Diese Form der privaten Altersvorsorge haben wir bereits ausführlich in Kapitel 2 kennengelernt. Diese Form des Sparens eignet sich natürlich nicht nur für die Rente, sondern auch, um uns Träume zu erfüllen.

Betriebliche Rente und privates Sparen mit Aktien sind aber noch weit davon entfernt, gesamtgesellschaftlich eine ähnlich tragende Rolle zu spielen wie die klassische Rentenversicherung. Denn die meisten verlassen sich komplett auf die gesetzliche Rente. Irgendwie wird das schon hinhauen, denken sie. Bei unseren Eltern hat es ja auch geklappt.

Doch für diese ältere Generation war das auch kein Problem: Mit der gesetzlichen Rente allein ließ sich der bisherige Lebensstandard im Großen und Ganzen halten – auch wenn ihr Niveau schon immer niedriger war als das frühere Lohnniveau. Denn wer nicht mehr arbeiten geht, hat in der Regel auch geringere Ausgaben, etwa für Arbeitsweg, auswärts Essen und Kleidung. Wer damals also zusätzlich eine private oder betriebliche Rente bekam, konnte sich darüber hinaus etwas gönnen, etwa Reisen oder aufwendige Hobbys. Zugespitzt formuliert machte das das Leben im Ruhestand komfortabler – zwingend nötig war es nicht, dass man privat was fürs Alter zurücklegte.

Um zu wissen, ob die spätere gesetzliche Rente zum Leben reichen wird, ist es sinnvoll, eine Bestandsaufnahme zu machen. Wie viel Rente du schon angesammelt hast, steht in der Renteninformation. Die bekommen alle, die mindestens 27 sind und fünf Jahre lang in die Rentenversicherung eingezahlt haben. Sie kommt einmal im Jahr und darin steht sowohl, wie hoch die Rente wäre, wenn man sofort in Ruhestand ginge, als auch eine Hochrechnung der zu erwartenden monatlichen Summe, wenn man zum Regeleintrittsalter in Rente geht.

Außerdem ist es möglich, auf der Website www.brutto-netto-rechner.info/rente.php die eigene Rente zu schätzen. Dazu musst du nur dein Gehalt, deine Berufsjahre und deine Rentenpunkte angeben, die du bereits gesammelt hast. Außerdem musst du die Gehaltssteigerung angeben, von der du ausgehst. Natürlich lässt sich das in den seltensten Fällen genau prognostizieren, aber es gibt einem zumindest eine grobe Richtung vor.

Wer ausschließlich gesetzlich versichert ist – und auch kein ausreichendes Vermögen besitzt –, muss sich im Alter erheblich einschränken, vielen droht sogar Altersarmut. Schon heute bekommt ein langjährig versicherter Durchschnittsverdiener gut 1200 Euro Rente vor Steuern – das sind 48,2 Prozent gemessen am Durchschnittseinkommen (vor Steuern). Der Rentenreform von 2004 folgend, soll das Mindestrentenniveau im Jahr 2030 bei 43 Prozent liegen. Wenn du deinen Lebensstandard im Alter halten möchtest, musst du also zusätzlich vorsorgen.

Wie viel Geld du für die Rente zurücklegen solltest

Aber wie viel Geld sollte man zur Seite legen, um im Alter noch vernünftig leben zu können? Gemeinsam mit der Verbraucherzentrale NRW habe ich das mal durchgerechnet.

Die Berechnungen gelten für 22-Jährige, die im Alter siebzig Prozent ihres Nettogehalts zur Verfügung haben möchten. Denn wer nicht mehr arbeiten geht, hat in der Regel auch geringere Ausgaben. Mehr als eine Faustformel ist das nicht: Wer zum Beispiel auch im Alter weiterhin in dem Haus leben möchte, in dem die Kinder groß geworden sind, benötigt mehr Geld als jemand, der dann in eine kleinere Wohnung zieht.

Beispielperson Hanna arbeitet als Controllerin, ist 22 Jahre alt, Single, zahlt keine Kirchensteuer und verdient das deutsche Durchschnittsgehalt von 3242 Euro brutto, also 2091 Euro netto. Geht man der Einfachheit halber davon aus, dass ihr Nettolohn ähnlich stark steigt wie die Inflation (nämlich zwei Prozent pro Jahr), beträgt ihr Lohn im Jahr 2064 5096 Euro. Davon möchte sie siebzig Prozent, also 3567 Euro. Das ist die Summe, die sie zum Start ihrer Rente Monat für Monat braucht.

Wie viel Rente Hanna später bekommt, hängt davon ab, wie viele Rentenpunkte sie sammelt. Einen Punkt bekommt sie, wenn sie in einem Jahr das deutsche Durchschnittseinkommen verdient hat. Wenn sie mehr verdient, kriegt sie mehr als einen Punkt, wenn sie weniger verdient, weniger. Aus den gesammelten Punkten wird die Rente berechnet. Das heißt: Je länger Hanna arbeitet, desto mehr Punkte sammelt sie und desto höher ist die spätere Rente.

Der Einfachheit halber nehmen wir an, dass Hannas Lohnsteigerungen immer genau so ausfallen, dass sie jedes Jahr weiterhin genau einen Entgeltpunkt verdient. Sie kommt damit ab 2064 auf einen Rentenanspruch von knapp 2516 Euro netto pro Monat.

Dadurch ergibt sich für Hanna eine Rentenlücke von 1051 Euro (3567 Euro minus 2516 Euro). Das ist der Betrag, der ihr zum gewünschten Renteneinkommen fehlt. Die Summe also, die sie durch private Vorsorge selbst abdecken muss.

Hanna will bis zu einem Alter von 85 Jahren abgesichert sein, sodass sich eine gesamte Finanzierungslücke von 227.106 Euro ergibt (18 Rentenjahre x 12 Monate × 1051,42 Euro).

Wenn Hanna sofort zum Berufsstart anfängt zu sparen, hat sie noch 45 Jahre Zeit, um diese Geldsumme zusammenzubekommen. Gehen wir davon aus, dass Hanna ihr Erspartes zur Hälfte in einen breit gestreuten Weltaktienindex investiert und fünfzig Prozent auf einem gut verzinsten Tagesgeldkonto liegen hat, kann sie einen Nettozinssatz von drei Prozent pro Jahr erwarten (denn diese Rendite hätte ihr Portfolio auch in den vergangenen hundert Jahren erzielt – trotz schwerer Kriege und Finanzkrisen). Wenn Hanna diesen Zinssatz erhält, müsste sie Monat für Monat 156 Euro sparen, um im Alter in etwa ihren heutigen Lebensstandard zu halten. Das entspricht rund acht Prozent ihres heutigen Nettoeinkommens. Auf ähnlich hohe Sparquoten kommen Gering- und Gutverdiener.

So viel sollten Berufsanfänger für ihre Rente zurücklegen
Berechnungen für 22-Jährige, die mit 67 Jahren in Rente gehen

	Geringverdiener	Durchschnittsverdiener	Gutverdiener
Nettolohn 2019	1197,44	2090,49	2905,75
Entspricht 2064	2919,19	5096,31	7083,79
Gewünschte Rente 2064 (70 % des Lohns)	2043,43	3567,42	4958,66
Gesetzliche Nettorente 2064	1418,00	2516,00	3526,00
Rentenlücke (So viel Geld fehlt zur gewünschten Rente)	625,43	1051,42	1432,66
Kapitalbedarf (Vom Rentenantritt bis zum Tod)	135.092,64	227.106,05	309.453,78
Erforderliche monatliche Sparrate von 2019 bis 2064 (Nettorendite 3 %)	92,77	155,96	212,51
Sparquote	7,75 %	7,46 %	7,31 %

Annahmen: Gehaltssteigerung ca. 2 %, Inflation 2 %,
Rentensteigerung 2 %, Tod mit 85 Jahren; alle Beträge in Euro.
Quelle: Eigene Berechnungen mit Unterstützung der Verbraucherzentrale NRW

Jeden Monat acht Prozent des Gehalts für die Rente wegzulegen, dürfte für den Großteil der Menschen durchaus anspruchsvoll sein. Denn Spargeld für Urlaube oder teure Anschaffungen ist da noch nicht mit einberechnet. Im Durchschnitt legen die Deutschen für alles rund zehn Prozent ihres Nettoeinkommens zur Seite.

Hinzu kommt: Wir sind in unseren Berechnungen davon ausgegangen, dass die Berufsanfänger sofort anfangen zu sparen. Warten sie hingegen noch zehn Jahre, bis sie anfangen vorzusorgen, haben sie viel weniger Zeit. »Dann müssten sie schon knapp zwölf Prozent ihres Gehalts zur Seite legen, um auf ein ähnliches Ergebnis zu kommen«, sagt Ralf Scherfling, Finanzexperte der Verbraucherzentrale NRW.

Auch steht und fällt das Ergebnis mit der angenommenen Rendite. Wer sein gespartes Geld auf dem Sparbuch liegen lässt und keinen Zins darauf bekommt, muss ebenfalls deutlich mehr zurücklegen.

So funktioniert die Riester-Rente

Gerade junge Menschen sollten deshalb so früh wie möglich damit anfangen, Geld zu sparen und es fürs Alter anzulegen.

Aber welche Möglichkeiten haben wir denn, um eine mögliche Rentenlücke zu schließen?

Da wäre zunächst einmal die Riester-Rente. Sie ist benannt nach dem damaligen Arbeitsminister Walter Riester (SPD) und wurde 2002 eingeführt. Der Staat fördert dabei zertifizierte Vorsorgeprodukte, zum Beispiel Lebensversicherungen und Sparverträge für Konten oder Fonds.

Frühestens ab dem sechzigsten Geburtstag oder zu Beginn der Altersrente bekommt der Beitragszahler dann das so gesparte Vermögen in Form einer lebenslangen Rente ausgezahlt. Während des Berufslebens ist das Geld also erst einmal weg, als Sparer kommt man nicht mehr heran. Da die Anbieter meist mit einer sehr hohen Lebenserwartung rechnen, lohnen sich die regelmäßigen Zahlungen nur, wenn man ein hohes Alter erreicht. Das ist bei den meisten Rentenversicherungen so, sie sind sehr unflexibel.

Der große Vorteil beim Riestern: Sparer bekommen Zuschüsse vom Staat. Eine Zulage von 157 Euro pro Jahr gibt es derzeit, wenn mindestens vier Prozent des Bruttoeinkommens in die Rente fließen, höchstens aber 2100 Euro. Zusätzlich gibt es für jedes vor 2008 geborene Kind eine Zulage von 185 Euro pro Jahr, für jedes danach geborene Kind sogar 300 Euro. Vor allem für (junge) Familien lohnt sich das Riestern also, sie sollten die staatlichen Förderungen auf jeden Fall mitnehmen.

Die Beiträge zur Riester-Rente werden von der Steuer abgesetzt – die Steuerersparnis wird aber mit den Zulagen verrechnet.

Wie viel du in deinen Vertrag regelmäßig einzahlen möchtest, kannst du selbst entscheiden. Um jedes Jahr die vollen Zulagen zu erhalten, solltest du jährlich vier Prozent deines sozialversicherungspflichtigen Vorjahresbruttoeinkommens einzahlen.

Für einen Arbeitnehmer mit 52.500 Euro Jahreseinkommen und einem Kind sieht die Beitragsrechnung so aus: (52.500 Euro × 4 %) – (175 Euro + 300 Euro) = 1625 Euro pro Jahr (135,42 Euro pro Monat).

In Deutschland gibt es heute viele verschiedene Varianten der Riester-Rente. Die drei wichtigsten sind:

1. Klassische Riester-Rentenversicherung

Die Versicherung entscheidet dabei, wie sie die Einzahlungen anlegt. Diese Verträge müssen über die gesamte Ansparduer eine Mindestverzinsung erreichen, der Sparer weiß also von Beginn an, wie hoch seine garantierte Mindestrente ist. Meistens fällt diese aber nicht besonders üppig aus, da die Anbieter in der Regel mit einer sehr hohen Lebenserwartung rechnen.

Kürzlich bekam ein guter Freund von mir von einem Finanzberater solch einen Riester-Vertrag angeboten. Der Berater rechnete meinem Freund vor, dass der Vertrag erst eine positive Rendite erzielt, wenn er 93 Jahre alt wird. Ich kann verstehen, dass solche Riester-Verträge bei jungen Menschen ziemlich unbeliebt sind. Das Angebot, mit 93 Jahren dann von diesem Vertrag zu profitieren, ist nicht gerade verlockend.

Damit die Versicherer diese Rente garantieren können, legen sie das Geld vor allem sicher an, zum Beispiel in Staatsanleihen. In der Vergangenheit lag die Verzinsung solcher Verträge noch bei mehr als zwei Prozent pro Jahr. Heute versprechen Versicherer, dass die Beiträge nach Kosten noch mit 0,9 Prozent pro Jahr verzinst werden. Zusätzlich werden Sparer noch an den Überschüssen beteiligt, die die Versicherung erwirtschaftet. Diese Erträge sind aber nicht garantiert, schrumpfen immer mehr und sind ziemlich mickrig.

Ich finde solche klassischen Rentenversicherungen nicht besonders attraktiv. Die Kosten von klassischen Riester-Rentenversicherungen sind im Vergleich relativ hoch, man kommt als Sparer jahrelang nicht an sein Geld und die Verträge sind nur minimal verzinst. Sie eignen sich meiner Meinung nach nur für extrem sicherheitsbewusste Sparer, die die Förderungen des Staates mitnehmen wollen und damit rechnen, sehr alt zu werden.

2. Riester-Fondssparplan

Die höchsten Renditechancen beim Riestern hat man, wenn man auf Aktienfonds setzt. Die Sparbeträge und die Zuschüsse des Staates fließen also in einen Aktienfonds, das kann auch ein ETF auf den MSCI World sein. Das ist schon mal nicht schlecht, doch die Anbieter sind laut Gesetzgeber dazu verpflichtet, dass dem Sparer keine Verluste entstehen, denn zum Rentenbeginn muss das Geld ja da sein. Deshalb können die Anbieter nicht die gesamten Sparraten in die renditestarken Aktienfonds einzahlen. Ein Teil ihrer Beiträge fließt deshalb meist in sicherere Rentenfonds und Staatsanleihen, die aber oft weniger Rendite bringen.

Dafür verlierst du mit diesem Produkt nie Geld: Deine Einzahlungen plus die staatlichen Zulagen sind zum Rentenbeginn garantiert. Aber auch hier gilt: Du musst lange genug leben, um deine Einzahlungen wieder reinzuholen. Flexibler sind diejenigen, die das Sparen mit ETFs einfach selbst in die Hand nehmen, wie wir es bereits ausführlich in Kapitel 3 besprochen haben. Dafür gibt es aber keine staatlichen Zulagen.

3. Wohn-Riester-Vertrag

Sinnvoll ist Riestern vor allem dann, wenn man in der nächsten Zeit eine Immobilie erwerben will. Dabei können nämlich die Sparraten und Zulagen des Staates genutzt werden, um den Wohnkredit schneller abzubezahlen. Um die Förderung zu erhalten, muss man als Sparer aber selbst in der Immobilie wohnen. Gegen diese Riester-Möglichkeit spricht ziemlich wenig, denn Förderungen des Staates sollte man mitnehmen, um den Kredit abzubezahlen. Diese Möglichkeit besteht aber leider nur für Hausbauer, also nicht für Haus- und Wohnungskäufer.

Warum eine betriebliche Altersvorsorge (bAV) sinnvoll ist

Neben der Riester-Rente kann eine betriebliche Altersvorsorge vernünftig sein. Denn oft beteiligt sich der Arbeitgeber am Aufbau einer Betriebsrente oder finanziert sie sogar ganz.

Grundsätzlich hat jeder Arbeitnehmer Anspruch auf eine Betriebsrente, zumindest in Form eines Bruttolohnverzichts zugunsten eines Rentenbeitrags – in diesem Fall spricht man von Entgeltumwandlung. Ein Teil des Gehalts geht also einfach in den zusätzlichen Rententopf. Arbeitgeber sind hingegen nicht verpflichtet, selbst Beiträge für die betriebliche Altersvorsorge ihrer Arbeitnehmer zu zahlen. Wenn sie es tun, ist es eine freiwillige Leistung.

Die Höhe der später ausgezahlten Betriebsrenten ist stark unterschiedlich. Für die meisten Versicherten reichen sie als zweites Standbein neben der abschmelzenden gesetzlichen Rente nicht aus. Frauen erzielen in der Privatwirtschaft im Schnitt leider eine deutlich geringere Bruttorente als Männer: Laut Alterssicherungsbericht 2016 stehen durchschnittlich 290 Euro für Frauen 601 Euro für Männer gegenüber. Zudem bekommt ein nur sehr geringer Anteil der Frauen überhaupt eine Betriebsrente, weil Frauen oftmals in Berufen arbeiten, in denen weniger verdient wird und in denen seltener eine betriebliche Altersversorgung von den Unternehmen bereitgestellt wird.

Fall 1: Der Chef zahlt eine Betriebsrente
Wenn deine Firma Geld für die Rente ihrer Mitarbeiter zahlt, ist die Sache klar: Du solltest das Geschenk auf jeden Fall mitnehmen. Denn es bessert deine Rente auf, ohne dass du etwas dafür tun musst. Zwar ist auf die spätere Rente Einkommensteuer fällig, dennoch lohnt es sich, weil du ja niemals für die Betriebsrente Geld eingezahlt hast.

Fall 2: Du zahlst selbst in eine Betriebsrente ein (Entgeltumwandlung)
Auch wenn dein Arbeitgeber keine Betriebsrente anbietet, hast du einen gesetzlichen Anspruch darauf, dass Teile deines Bruttogehalts in solch einen Vertrag fließen. Dabei sparen Mitarbeiter etwas Steuern und Sozialabgaben, denn die Beiträge zum bAV-Vertrag gehen vom Bruttogehalt ab. Dein zu versteuerndes Nettogehalt wird also geringer.

Das Ganze lohnt sich aber nur, wenn du sehr alt wirst. Denn auf die spätere Rente musst du Sozialbeiträge und Steuern zahlen.

Das Verbraucherportal Finanztip hat das für einen ledigen Mitarbeiter, der 3000 Euro brutto im Monat verdient, durchgerechnet. Bei diesem Musterfall zahlt er rund 180 Euro in einen Vertrag ein, die seinen Bruttolohn mindern. Er spart dadurch gut achtzig Euro an Steuern und Sozialabgaben – und wendet netto nur hundert Euro für die Altersvorsorge auf. Er zahlt über dreißig Jahre jeden Monat netto hundert Euro in den Vertrag und bekommt nur 82 Euro garantierte Nettorente heraus, weil er darauf dann wieder Steuern und Sozialabgaben zahlen muss. »Er müsste nach Renteneintritt mit 67 noch rund 37 Jahre leben, also 104 Jahre alt werden, damit er sein Geld wiederbekommt«, schreiben die Autoren von Finanztip.

Fall 3: Dein Chef übernimmt einen Teil der Beträge

Das obige Beispiel zeigt: Eine Betriebsrente allein zu finanzieren, lohnt sich nur, wenn Arbeitnehmer überdurchschnittlich alt werden. Deshalb ist es sinnvoll, den Arbeitgeber mit ins Boot zu holen.

Dass der sich darauf einlässt, ist gar nicht so unwahrscheinlich: Denn wenn Teile deines Bruttogehalts in einen bAV-Vertrag fließen, kann sich dein Arbeitgeber einen Teil der Sozialabgaben sparen, die er ansonsten für dich abführen müsste, weil dein Bruttogehalt ja dann niedriger ausfällt.

Wenn wir beim obigen Beispiel von Finanztip bleiben, heißt das: Bei einem Durchschnittsverdiener, der monatlich gut 182 Euro seines Gehalts in einen bAV-Vertrag fließen lässt, spart der Arbeitgeber zum Beispiel 35 Euro. Dieser Zuschuss kann die Steuerbelastung der Betriebsrente im Rentenalter besser ausgleichen.

Angenommen, die 217 Euro Beitrag verzinsen sich nun noch mit moderaten zwei Prozent im Jahr über dreißig Jahre: Dann ergibt die Betriebsrente langsam Sinn. Du kassierst eine monatliche Rente in Höhe von 158 Euro und hast deine Nettoeinzahlungen dann nach neunzehn Jahren wieder drin – also mit 87 Jahren.

Das Ganze eignet sich aber nur für Mitarbeiter, die davon

ausgehen, lange Zeit bei nur einem Arbeitgeber beschäftigt zu sein. Wenn du deinen Job wechselst, kannst du deinen Vertrag zwar theoretisch mitnehmen, viele Arbeitgeber wollen allerdings nicht Verträge unterschiedlicher Anbieter verwalten und lehnen es daher ab, den alten bAV-Vertrag zu übernehmen.

Fazit
Eine Betriebsrente macht in den meisten Fällen nur Sinn, wenn sie vom Arbeitgeber angeboten wird. Dann solltest du sie in Anspruch nehmen. Wenn der Arbeitgeber zumindest etwas dazuschießt, kann der Vertrag für dich sinnvoll sein und deine Rente aufbessern. Als Alternativen kommt eine Riester-Rente oder privates flexibles Sparen infrage, zum Beispiel mit einem ETF-Sparplan. Hier kannst du jederzeit entscheiden, was mit deinem Geld geschieht.

So sicherst du dir ein zusätzliches Geldgeschenk vom Arbeitgeber – mit Checkliste für Faule

Im Durcheinander zwischen Riester-Rente und betrieblicher Altersvorsorge übersehen viele, dass sie sich noch weitere Zuschüsse vom Arbeitgeber sichern können: Nämlich die sogenannten vermögenswirksamen Leistungen. Das ist zusätzliches Geld vom Arbeitgeber, das du zum Vermögensaufbau nutzen solltest. Der Höchstbetrag, den Chefs für vermögenswirksame Leistungen (VL) bezahlen, beträgt vierzig Euro im Monat. Die genaue Höhe ist meist im Arbeits- oder Tarifvertrag geregelt.

Das ist nicht gerade viel, aber angenommen, du schließt einen VL-Sparplan ab, der in ETFs fließt, und erhältst pro Monat vierzig Euro von deinem Chef, dann hast du nach sechs Jahren Einzahlung bei einer Verzinsung von fünf Prozent im Jahr immerhin 3353 Euro zusammen. Geld, für das du rein gar nichts tun musstest. Zahlt der Arbeitgeber weniger als vierzig Euro, lohnt es sich, den Sparbeitrag privat aufzustocken, um auf einen ähnlich hohen Betrag zu kommen.

Es gibt also keinen Grund dafür, auf die Finanzspritze des Arbeitgebers zu verzichten. Das Problem: Die meisten meiner Freunde lassen sich dieses Geldgeschenk entgehen, weil sie einfach gar nicht wissen, dass sie es bekommen könnten. Einen Anspruch auf vermögenswirksame Leistungen haben allerdings nur Beschäftigte, deren Arbeitgeber sich zu der monatlichen Zusatzzahlung bereit erklärt haben. Die Personalstelle weiß über die Konditionen Bescheid und gibt Auskunft.

Bei einer Bekannten von mir, die bei einem großen Energiekonzern arbeitet, werden die vermögenswirksamen Leistungen in Form von sogenannten altersvorsorgewirksamen Leistungen (AVWL) gezahlt. Sie und ihre Kollegen haben also keine Wahl, in welche Verträge die Sparbeträge fließen – das Geld wird für sie automatisch für die betriebliche oder private Altersvorsorge aufgewendet, zum Beispiel für einen Riester-Vertrag oder eine Betriebsrente.

Grundsätzlich läuft es aber so: Du schließt einen VL-Vertrag ab und legst deinem Arbeitgeber eine Bestätigung über diesen Vertrag vor. Die Firma zahlt dann den Betrag ein. Beim VL-Sparen fällt also leider etwas Papierkram an. Vielleicht ist auch das ein Grund, warum sich so viele Menschen das Geld entgehen lassen.

Verträge für vermögenswirksame Leistungen laufen in der Regel sieben Jahre – sechs davon sind Jahre mit Einzahlungen, das siebte ist ein Ruhejahr, dann wird das Geld ausgezahlt.

Das VL-Sparen ist vor allem für Geringverdiener attraktiv. Denn der Staat fördert diese Verträge mit der sogenannten Arbeitnehmersparzulage. Je nach Sparform liegt die Obergrenze bei 17.900 oder 20.000 Euro Jahreseinkommen für Singles. Abhängig von der Verwendung und Höhe der eingezahlten Beträge können Singles zwischen 43 Euro und 123 Euro pro Jahr vom Staat bekommen.

Es gibt vier mögliche Varianten, wie du mit VL sparen kannst:
1. Die meisten Empfänger vermögenswirksamer Leistungen lassen sich das Geld auf ihr Bausparkonto überweisen. Nach dem Hausbau hat der Besitzer die Möglichkeit, seine Kreditschulden per VL zu reduzieren. Das ist ein Beispiel, wie vermögenswirksame Leistungen wirklich ihrem Namen gerecht werden. Da die Zinsen, die du für dein Darlehen zahlst, meist höher sind als die Renditen der VL-Angebote, ist die Tilgung eine einfache und gut verzinste Form der Anlage. Allerdings ist es nicht bei jeder Bank möglich, vermögenswirksame Leistungen zur Tilgung zu nutzen, und diese Methode eignet sich nur für Menschen, die derzeit einen Immobilienkredit abbezahlen.
2. Wenn du derzeit kein Darlehen benötigst, kannst du auch einen Bausparvertrag als reinen Sparplan zum Kapitalaufbau abschließen. (Mehr dazu erfährst du in Kapitel 5.)
3. Eine weitere Variante ist der Banksparplan mit festem Zins und fixem Auszahlungstermin. Ein Banksparplan lohnt sich, wenn du keinen Anspruch auf staatliche Förderungen hast und du deine vermögenswirksamen Leistungen möglichst sicher anlegen willst. Die Rendite, die du bei solch einem VL-Sparen erzielen kannst, liegt meist zwischen einem und drei Prozent und ist gar nicht so schlecht, zumindest liegt sie höher als beim Tages- oder Festgeld.
Um einen Banksparplan abzuschließen, brauchst du nur

bei der Bank deiner Wahl ein gesondertes Konto zu eröffnen. Es gibt aber nur relativ wenige bundesweit agierende Banken, die Sparpläne für vermögenswirksame Leistungen anbieten, weil sich das Geschäft für die meisten Banken nicht rentiert.

4. Die besten Renditeaussichten bieten auch beim VL-Sparen Aktienfonds, die wegen der Kursschwankungen aber auch riskanter sind. Du kannst deine VL-Beiträge zum Beispiel auch in einen ETF auf den MSCI World fließen lassen, wie wir es bereits in Kapitel 2 besprochen haben. Auch wenn du bereits mit ETFs sparst, kannst du einen VL-Aktiensparplan zusätzlich abschließen. Klar ist: Das ist eine gute Ergänzung, ersetzt aber nicht das private Anlegen in ETFs, weil die angesparten Summen nur vergleichsweise gering sind und die Verträge nur sechs Jahre laufen. Ich sehe die paar Tausend Euro, die beim VL-Sparen zusammenkommen, eher als Zubrot und als zusätzlichen Baustein meiner langfristigen, passiven Anlagestrategie.

Aber nicht alle in Deutschland erhältlichen Aktienfonds sind auch für die VL-Anlage zugelassen. Mir wurde beim Berufsstart von einem Finanzberater, der mit meinem Arbeitgeber zusammenarbeitet, ein aktiv gemanagter Fonds empfohlen. Wie wir bereits in Kapitel 1 festgestellt haben, verlangen diese eine hohe Verwaltungsgebühr von zwei bis drei Prozent pro Jahr auf den Wert der Anteile. Davon würde ich abraten. Besser ist, auf den Weltindex MSCI World zu setzen. Das Problem: Du kannst die VL-ETFs nicht einfach wie normale ETFs bei deiner Depotbank kaufen, weil für das VL-Sparen staatliche Sonderregeln gelten. Das ist ärgerlich und macht das VL-Sparen kompliziert.

Die einzige Depotbank, die nach meinen Recherchen zurzeit (Stand Juni 2019) Indexfonds für vermögenswirksame Leistungen anbietet, ist finvesto. Der Anbieter gehört zum Kreditinstitut ebase, die eine Tochtergesellschaft von Comdirect ist, die wiederum eine Tochter der Commerzbank ist.

Wenn du deine VL also in ETFs stecken willst, musst du hier ein zusätzliches Depot eröffnen. Das Depot dient dann rein der VL-Anlage. Als Verwahrstelle für deine anderen ETFs eignet sich finvesto derzeit eher nicht, weil bei diesem Anbieter geringe Depotgebühren anfallen und Gebühren für die Sparplanausführung erhoben werden.

Checkliste für Faule:
So sicherst du dir Schritt für Schritt die Geldspritze deines Arbeitgebers

1. **Bei der Personalabteilung nachfragen:** Erkundige dich bei deinem Arbeitgeber, ob vermögenswirksame Leistungen gezahlt werden. Die genaue Höhe der Zahlung ist meist im Arbeits- oder Tarifvertrag geregelt und beträgt im Jahr bestenfalls 480 Euro (vierzig Euro pro Monat). Wenn das nicht der Fall ist, kannst du die Sparrate auch selbst bis zu diesem Betrag aufstocken.
2. **Fonds-Sparplan für VL eröffnen:** Solltest du deine VL in kostengünstigen Aktienfonds anlegen wollen, brauchst du ein Depot bei finvesto. Steuere dazu die Website des Anbieters an und klicke auf den Button »Jetzt mein Depot eröffnen«. Dann gelangst du zur Übersicht der am häufigsten gekauften VL-Fonds in den vergangenen drei Monaten der finvesto-Kunden, zu empfehlen ist ein ETF auf den MSCI World. Steuere dazu justETF.com an, um die bei finvesto angebotenen ETFs miteinander zu vergleichen.
3. **Fonds-Sparplan für VL abschließen:** Nach wenigen Tagen sendet dir finvesto eine Bescheinigung über die Eröffnung der Depotposition per Post zu. Diese füllst du aus und legst sie unterschrieben deinem Arbeitgeber vor. Die Überweisung der VL-Sparbeiträge erfolgt nun direkt vom Arbeitgeber auf dein Depot. Sofern du die Rate selbst

aufstockst, wird der Betrag ebenfalls direkt vom Gehalt abgezogen und auf dein Depot überwiesen.
4. **Warten und nichts tun:** In den nächsten sechs Jahren überweist dein Arbeitgeber die Sparrate monatlich direkt auf dein VL-Depot. Die Laufzeit des VL-Sparplans beträgt sieben Jahre. Eingezahlt werden die vermögenswirksamen Leistungen sechs Jahre. Anschließend ruht dein angespartes Guthaben für ein Jahr.

Sind die Kurse an den Weltbörsen nach den sieben Jahren gerade im Keller, solltest du das Depot liegen lassen und warten, bis die Kurse wieder gestiegen sind, und es erst dann veräußern, ansonsten machst du Verluste. In der Zwischenzeit kannst du einen neuen VL-Sparplan abschließen.

Diese Versicherungen brauchen junge Menschen wirklich

Ein Freitagabend in Berlin, meine Freunde und ich sitzen zusammen am Küchentisch in einer WG und trinken Bier. Ich stehe auf, um mir eine neue Flasche zu holen. Dabei stoße ich mit meinem rechten Unterarm das aufgeklappte MacBook meines Freundes vom Tisch. Es kracht auf den Boden, das Touchpad zersplittert, ein tiefer Riss zieht sich quer hindurch. Dennis, der Besitzer des MacBooks, schaut mich genervt an, denn er ahnt: Bei Apple kann so eine kleine Reparatur mal schnell ein paar Hundert Euro kosten.

Dieser Vorfall hat mir gezeigt: Wenn es eine Versicherung gibt, die wirklich alle brauchen, dann ist es die Privathaftpflichtversicherung. Denn in meinem Fall hat die Versicherung meinem Freund die Reparaturkosten erstattet. Das kleine Missgeschick hatte für mich also keine unangenehmen finanziellen Folgen. Denn die Haftpflicht springt ein, selbst wenn der Schaden – wie bei mir – grob fahrlässig verursacht wurde.

Hinterher habe ich von meinem Sachbearbeiter erfahren: Auch bei Personenschäden greift die Versicherung. Wäre ich beispielsweise in der Berliner Küche gestolpert, hätte meinen Freund mit zu Boden gerissen und ihm dabei den Arm gebrochen, hätte die Versicherung ein Schmerzensgeld an den Verletzten gezahlt.

Angenommen, ein Radfahrer stürzt deinetwegen und muss ins Krankenhaus sowie mehrere Wochen in die Reha. Dann musst du nicht nur Schmerzensgeld und die Behandlung zahlen, sondern auch den Verdienstausfall. Stirbt jemand, können die Forderungen sogar in die Millionen gehen. Diese Versicherung ist deshalb unerlässlich, weil sie auch solche hohen Schadenssummen versichert.

Zugegeben: Als ich den Computer meines Freundes in Berlin zerstörte, wusste ich nicht mal, dass ich eine Haftpflichtversicherung besitze. Denn als damals noch eingeschriebener Student war ich bei meinen Eltern mitversichert. Das war bei den meisten meiner Freunde so: Sie waren in der Regel bis zum Ende ihrer Ausbildung unabhängig von ihrem Alter bei ihren Eltern mitversichert, man musste sich also zunächst um nichts kümmern.

Doch mit dem Einstieg ins Berufsleben ändert sich das. Spätestens zu diesem Zeitpunkt sollte man sich solch eine Versicherung zulegen. Günstige Tarife gibt es bereits ab fünfzig Euro im Jahr, sie lassen sich problemlos in wenigen Minuten online abschließen. Auch hier bietet die Stiftung Warentest auf ihrer Website gute Übersichten an.

Aber welche Versicherungen braucht man zum Berufsstart noch? Im Dickicht der Versicherungsprodukte fällt es schwer, zwischen wichtig und unwichtig zu unterscheiden. Welche Policen braucht wirklich jeder? Und welche sind nur in bestimmten Fällen nötig?

Gehen wir die wichtigsten Versicherungen einmal Schritt für Schritt durch.

Berufsunfähigkeitsversicherung (BU)

Was ist das? Die Berufsunfähigkeitsversicherung greift, wenn man krank wird und seinen Beruf nicht mehr ausüben kann. Mit solch einem Szenario beschäftigt man sich als junger Mensch äußerst ungern. Doch durchschnittlich wird jeder fünfte Arbeitnehmer irgendwann berufsunfähig, etwa durch einen Bandscheibenvorfall oder ein Burn-out-Syndrom. Wer krank wird und seinen Beruf nicht mehr ausüben kann, steht schnell vor riesigen finanziellen Problemen. Zwar zahlt die gesetzliche Rentenversicherung eine sogenannte Erwerbsminderungsrente. Doch der gewohnte Lebensstandard lässt sich damit nicht halten, denn zuletzt betrug diese für einen Neurentner im Durchschnitt nur rund 700 Euro im Monat.

Für diesen Fall soll die Berufsunfähigkeitsversicherung einspringen – die sogenannte BU ist deshalb für jeden Berufseinsteiger sinnvoll.

Wer braucht sie? Die Berufsunfähigkeitsversicherung gehört vor allem für junge Menschen zu den wichtigsten Versicherungen. Sie ist für Selbstständige genauso wichtig wie für Angestellte. Experten raten dazu, eine solche Police früh abzuschließen, um einen möglichst günstigen Tarif zu bekommen. Am besten schon in der Ausbildung oder im Studium. Denn im Alter kann es schwierig werden, noch einen bezahlbaren Vertrag zu bekommen.

Was kostet sie? Die BU gehört zu den teuersten Versicherungen, sie kann schnell mehrere Hundert Euro pro Monat kosten. Die Kernfrage ist deshalb weniger, ob eine BU-Versicherung sinnvoll ist, sondern eher, ob man sich eine BU-Police leisten kann. Die Tarife für einen Dachdecker zum Beispiel sind um ein Vielfaches höher als die für einen Bürokaufmann. Auch für Menschen mit gefährlichen Hobbys wie zum Beispiel Motocross oder Kickboxen wird solch eine Versicherung schnell sehr teuer. Einige Berufsgruppen bekommen sogar gar keinen Versicherungsschutz. Für solche Personen lohnt es sich, über eine Unfallversicherung nachzudenken. Die ist viel günstiger, zahlt aber nur bei Unfällen.

Der Grund, aus dem Experten dazu raten, eine Berufsunfähigkeitsversicherung möglichst früh abzuschließen, um einen möglichst günstigen Tarif zu bekommen, ist einfach: Mit dem Alter steigt das Risiko, krank zu werden. Menschen, die zum Beispiel mal eine Psychotherapie in Anspruch genommen haben, können sich häufig nicht mehr gegen Berufsunfähigkeit versichern oder bekommen nur extrem teure Policen.

Doch nicht immer kann man sich auf die versprochenen Leistungen der Versicherer verlassen. Laut einer Studie lehnten einige Versicherungen jeden siebten Antrag auf Berufsunfähigkeit ab, andere dagegen jeden zweiten. Enorme Unterschiede, trotz eigentlich gleicher rechtlicher Bedingungen.

Ganz wichtig ist es deshalb, den Antrag für die BU sorgfältig auszufüllen. Denn falsche Angaben können im Ernstfall dazu führen, dass die Versicherung nicht zahlt. Berufsunfähigkeitsversicherungen sind sehr komplex, diese solltest du nicht mal eben so im Internet abschließen. Ich würde mir an deiner

Stelle vor dem Abschluss Hilfe bei einer Verbraucherzentrale holen. Dort kannst du für rund dreißig Euro einen persönlichen Beratungstermin vereinbaren.

Hausratversicherung

Was ist das? Ob Einbruch, Brand oder Wasserschaden: Für alle Schäden gibt es die Hausratversicherung. Sie ersetzt in der Regel die beschädigten Gegenstände und springt zudem für mögliche Aufräum- oder Hotelkosten ein. Wichtig ist jedoch eine ausreichend hohe Versicherungssumme, bei Unterversicherung wird möglicherweise nicht der gesamte Schaden erstattet. Meist ist auch Reisegepäck bei Auslandsaufenthalten mitversichert, häufig lässt sich als Zusatzbaustein auch noch eine Fahrradversicherung ergänzen.

Wer braucht sie? Die Hausratversicherung ist in Deutschland sehr beliebt, nötig ist sie aber meistens nicht. Wer in die erste Studentenbude zieht, braucht meist noch keine Hausratversicherung, weil er kein besonders wertvolles Inventar besitzt. Wer genug Geld gespart hat, kann sich außerdem auch entscheiden, die Versicherungsprämie zu sparen und im Ernstfall die Kosten selbst zu tragen. Du gehst also eine Wette darauf ein, dass der Schadensfall nie eintreten wird. Falls es doch so kommen sollte, musst du die Kosten selbst tragen. Dieses Risiko kannst du verkraften, weil dich eine leer geräumte Wohnung eher nicht in den Ruin treiben wird. Eine Hausratversicherung ist deshalb viel weniger wichtig als beispielsweise eine Berufsunfähigkeitsversicherung.

Was kostet sie? Die Kosten für eine Hausratversicherung hängen nicht nur von der Versicherungssumme, sondern auch von Wohnungsgröße und Wohnort ab. In Gegenden mit größerer Einbruchswahrscheinlichkeit sind auch die Beiträge höher. Dazu ist es sinnvoll, eine Vergleichsplattform anzusteuern.

Kapitallebensversicherung
Was ist das? Eine Lebensversicherung ist nicht mit einer Risikolebensversicherung zu verwechseln, denn sie versichert keine Schäden, sondern ist eigentlich ein Geldanlageprodukt, das meistens der Altersvorsorge dient. Die Lebensversicherung beinhaltet aber immer auch einen Todesfallschutz – die Familie bekommt also Geld, sollte der Versicherte vor Ablauf sterben.

Wer braucht sie? Niemand. Klassische Lebensversicherungen werfen nur mickrige Zinsen ab und verschlingen hohe Kosten. Von 0,9 Prozent Garantiezins verbleiben im Durchschnitt nur 0,14 Prozent an garantiertem Wertzuwachs. Es ist also nicht empfehlenswert, eine neue Kapitallebensversicherung abzuschließen. Lass lieber die Finger davon. Wenn du aber bereits eine alte Lebensversicherung hast, die noch gut verzinst ist, solltest du nicht überstürzt kündigen.

Was kostet sie? Kapitallebensversicherungen sind extrem teuer. Allein die Abschlussprovision betrug in den vergangenen Jahren bei einem dreißig Jahre laufenden Vertrag mit hundert Euro Monatsbeitrag durchschnittlich 1440 Euro, verteilt auf fünf Jahre.

Rechtsschutzversicherung

Was ist das? Rechtsschutzversicherungen übernehmen Anwalts- und Verfahrenskosten bei Rechtsstreitigkeiten. Welche Lebensbereiche dabei abgedeckt werden, hängt von der Art der Versicherung ab: So lässt sich Verkehrs- oder Mietrechtsschutz bei vielen Anbietern einzeln buchen. Ansonsten gibt es auch große Kombipakete, die zusätzlich Berufs- und Privatrechtsschutz bieten. Doch Vorsicht: Bei Rechtsschutzversicherungen lauern besonders viele böse Überraschungen, weil im Kleingedruckten viele Leistungen ausgeschlossen werden.

Wer braucht sie? Eine umfassende Rechtsschutzversicherung ist kein Muss, viele Menschen fühlen sich aber sicherer, wenn sie wissen, dass ihnen im Ernstfall keine horrenden Anwaltskosten drohen. Große Kombipakete sind nicht für alle Bürger sinnvoll: Wer etwa Gewerkschaftsmitglied ist, hat in der Regel schon einen Berufsrechtsschutz. Wer einem Mieterverein beigetreten ist, braucht auch für diesen Bereich keine extra Versicherung mehr. Allerdings zahlen Rechtsschutzversicherungen nur für bestimmte Streitigkeiten und sind auch nicht gerade günstig. Eine Privathaftpflicht- und Berufsunfähigkeitsversicherung sollten deshalb Priorität haben. Gibt es nach deren Abschluss noch finanziellen Spielraum, kannst du über eine Rechtsschutz-Police nachdenken.

Was kostet sie? Kombitarife kosten zwischen 150 und 450 Euro pro Jahr. Einzelversicherungen sind deutlich günstiger. Ein guter Verkehrsrechtsschutz etwa ist schon für unter hundert Euro jährlich zu haben.

Reisekrankenversicherung

Was ist das? Work-and-Travel-Aufenthalt in Australien, Auslandssemester in den USA oder Urlaub in Südostasien – junge Menschen sind gerne viel in der Welt unterwegs. Doch selbst innerhalb der Europäischen Union bezahlt die gesetzliche Krankenkasse nur einen Teil der medizinischen Behandlungen, wenn du krank wirst – und zwar nur für die im Urlaubsland übliche Versorgung bei dort zugelassenen Ärzten. Außerdem müssen Patienten den landesüblichen Eigenanteil selbst tragen – das kann sehr teuer werden. Aber die Reisekrankenversicherung erstattet die Kosten für ambulante Behandlung, Medikamente und Krankenhausaufenthalte. Unerlässlich ist solch eine Versicherung bei Reisen außerhalb der EU. Dort hat man im Krankheitsfall sonst gar keinen Versicherungsschutz.

Es gibt zwei Varianten dieser Policen: Die Auslandsreisekrankenversicherung ist für kurze Urlaubsreisen geeignet, während die Auslandskrankenversicherung für längere Aufenthalte wie Weltreisen oder Auslandssemester gedacht ist.

Ein Bekannter von mir ist im vergangenen Jahr in Vietnam mit dem Motorrad gestürzt, nach mehreren Tagen im Krankenhaus ist er zurück nach Deutschland geflogen, um sich hier behandeln zu lassen. Dieser Fall hat mir gezeigt: Es ist wichtig, darauf zu achten, dass die Versicherung auch die Kosten für einen möglichen Rücktransport nach Deutschland übernimmt – sonst bleibt man auf zusätzlichen Flugkosten sitzen.

Wer braucht sie? Eine Reisekrankenversicherung ist für alle gesetzlich Versicherten empfehlenswert, die ihren Urlaub im Ausland verbringen.

Was kostet sie? Eine gute Reisekrankenversicherung lässt sich bequem online und bis einen Tag vor der Abreise abschließen. Die günstigsten Tarife für mehrere Reisen kosten 7,50 Euro im Jahr. Versicherungsschutz für nur eine Reise gibt es ab 9 Euro. Auch hier kannst du eine der gängigen Vergleichsplattformen ansteuern. Dabei gilt es, darauf zu achten, dass die Tarife ein gutes Testurteil von Stiftung Warentest bekommen haben.

Risikolebensversicherung
Was ist das? Eine Risikolebensversicherung zahlt bei Tod des Versicherten eine vorher festgelegte Summe – meist an Familienangehörige, die dadurch abgesichert werden.

Wer braucht sie? Eine Risikolebensversicherung ist empfehlenswert für Menschen, die Angehörige absichern müssen – also zum Beispiel ein Alleinverdiener mit Ehepartner und Kindern, von dessen Einkommen alles bezahlt werden muss. Vor allem, wenn die Familie einen Immobilienkredit abbezahlen muss, ist die Versicherung ein Muss. Für Singles oder unverheiratete Paare ist ein solcher Vertrag dagegen in der Regel unsinnig, genauso für zwei Verdiener ohne Kinder.

Was kostet sie? Der Beitrag hängt von mehreren Faktoren ab, zum Beispiel von der Höhe der Versicherungssumme, dem Alter, Beruf und Gesundheitszustand des Versicherten. Oft wird empfohlen, das Drei- bis Fünffache des Jahresbruttoeinkommens abzusichern, zuzüglich vorhandener Schulden. Raucher zahlen meist deutlich höhere Beiträge als Nichtraucher. Auch für Menschen mit gefährlichen Hobbys kann die

Versicherung teurer werden. Wie du den günstigsten Tarif findest, hängt von deiner individuellen Situation ab. Oft ist es sinnvoll, bei zwei Versicherern Angebote anzufragen und deren Preise zu vergleichen.

Unfallversicherung

Was ist das? Wer einen Unfall hat und dabei bleibende Gesundheitsschäden davonträgt, braucht viel Geld. Oft sind zum Beispiel Umbauten in der Wohnung nötig, von Verdienstausfällen ganz zu schweigen. Zumindest teilweise kann man sich für diesen Fall mit einer privaten Unfallversicherung absichern. Die Versicherung zahlt bei Unfällen mit anschließender Voll- oder Teilinvalidität meist eine einmalige Kapitalsumme aus. Passiert der Unfall bei der Arbeit, kommt die Leistung der privaten Unfallversicherung zu der gesetzlichen hinzu.

Wer braucht sie? Eine Unfallversicherung ist grundsätzlich sinnvoll, um sich gegen schlimme Unfälle abzusichern. Experten empfehlen sie besonders für Risikogruppen wie zum Beispiel Reiter oder Skifahrer. Die Unfallversicherung ersetzt aber keine Berufsunfähigkeits-Police, denn sie zahlt wirklich nur bei Unfallschäden. Interessant ist sie aber für all jene Menschen, die keine Berufsunfähigkeitsversicherung bekommen oder sich diese nicht leisten können.

Was kostet sie? Die Kosten liegen zwischen 100 und 500 Euro pro Jahr – und damit deutlich niedriger als bei einer Berufsunfähigkeitsversicherung. Wie viel ein Kunde genau zahlen muss, hängt unter anderem davon ab, wie gefährlich sein Beruf eingestuft wird. Bauarbeiter etwa zahlen mehr als Büroangestellte. Auch hier sollte man sich vor dem Abschluss Hilfe von einem Honorarberater bei einer Verbraucherzentrale holen.

KAPITEL 6:
Bauen & Wohnen

Neun Tipps gegen teure Überraschungen bei der Miete

Kürzlich ging in einer meiner WhatsApp-Gruppen ein Foto eines Berliner Staffelmietangebots herum, das für Erstaunen unter meinen Freunden sorgte. »Das ist doch wohl hoffentlich ein Scherz«, schrieb mir ein Freund, der gerade wie so viele in meinem Alter auf Wohnungssuche ist und das Foto auf Twitter entdeckt hatte.

Das geteilte Angebot galt für eine Wohnung in Prenzlauer Berg. Das Mietverhältnis sollte demnach mit 1746 Euro starten. Schon ein Jahr später wollte der Vermieter 92 Euro mehr haben. Innerhalb von zehn Jahren sollte sich die Monatsmiete verdoppeln – auf satte 3511 Euro. Aber das reichte dem Wohnungsbesitzer noch nicht. Weitere sechs Jahre später sollte der Mieter dann jeden Monat mal eben 6716 Euro abdrücken. Damit hätte er die Miete innerhalb von sechzehn Jahren vervierfacht.

Dieser Fall ist ein besonders krasses Beispiel und zeigt, wie sehr der deutsche Wohnungsmarkt aus den Fugen geraten ist. Mietverträge mit sogenannten Staffelmieten sind längst keine Seltenheit mehr. Es scheint, als sei die Dreistigkeit, mit der Vermieter die Notlage der Menschen auszunutzen versuchen, so groß wie nie.

Es ist deshalb wichtig, dass gerade junge Menschen, die auf Wohnungssuche sind, sich nicht austricksen lassen. In solchen Zeiten sollten Mieter ihre Rechte kennen. Einen Mietvertrag kann man nämlich nicht einfach unterschreiben und dann widerrufen. Bei Mietverträgen gibt es – anders als etwa bei Kreditverträgen oder Online-Käufen – kein Widerrufsrecht.

Das sind die wichtigsten Punkte, auf die Mieter achten sollten:

1. Nebenkosten

Die Kaltmiete allein sagt wenig aus. Es empfiehlt sich deshalb, auch darauf zu achten, was die Wohnung insgesamt kostet, also inklusive Vorauszahlungen für Neben- und Heizkosten an den Vermieter. Oft lohnt es sich, den Vermieter oder einen Nachbarn zu fragen, ob die im Angebot angegebene Höhe realistisch ist – sonst droht eine Nachzahlung. Zudem kann man sich am Betriebskostenspiegel des Deutschen Mieterbunds orientieren.

Laut diesem zahlten Mieter im Jahr 2013 etwa 2,19 Euro pro Quadratmeter an Nebenkosten. Ein Beispiel: Bei einer Wohnung mit 90 Quadratmetern läge eine Nebenkostenvorauszahlung von monatlich 197,10 Euro (= 90 × 2,19 Euro) also im Durchschnitt.

Problematisch wird es für den Mieter, wenn große Vermieterkonzerne die Kosten für Hausmeister, Gärtner oder Winterdienst drastisch erhöhen und die Leistungen von Tochterfirmen erbringen lassen. Eine SPIEGEL-Recherche hatte 2018 Einblicke gewährt in ein System, mit dem etwa der Wohnungskonzern Vonovia mit Nebenkosten Profit macht.

In Dresden beschwerten sich zum Beispiel Vonovia-Mieter, in einer Wohnanlage seien etwa die Kosten für den Winterdienst um 1900 Prozent gestiegen. Wehren können sich Mieter in solch einem Fall kaum, weil es fast unmöglich ist, den Nachweis zu führen, dass überhöht abgerechnet wurde.

2. Mieterhöhungen

Für den Mieter ist es natürlich am besten, wenn im Vertrag keine Mieterhöhungen vorgesehen sind. Dann kann der Vermieter erst nach fünfzehn Monaten – und ab dann in Fünfzehn-Monats-Schritten – auf die ortsübliche Vergleichsmiete aufstocken.

Diese Obergrenze darf der Vermieter aber nicht überschreiten. Zudem darf der Vermieter die Miete innerhalb von drei Jahren um nicht mehr als zwanzig Prozent erhöhen, auch wenn die ortsübliche Vergleichsmiete noch nicht erreicht ist. Das ist die gesetzlich vorgeschriebene Kappungsgrenze.

Jeder Mieterhöhung muss der Mieter zustimmen. Die Miete erhöht sich also nicht automatisch, sondern nur dann und nur in dem Umfang, in dem der Mieter zustimmt oder gerichtlich zur Zustimmung verurteilt wird.

Lass dich im Zweifel von einem Experten beraten. Gute Anlaufstellen sind die Mietervereine.

3. Staffel- und Indexmieten

Doch wie das Eingangsbeispiel zeigt, greifen Vermieter immer mehr auf sogenannte Staffelmieten zurück, um sich von Anfang an steigende Einnahmen zu sichern. In so einem Fall sieht der Mietvertrag mehrere Mieterhöhungen in regelmäßigen Abständen vor. Vermieter bedienen sich gern dieses Instruments, weil solche Staffelmieten so gut wie gar nicht eingeschränkt sind – Kappungsgrenzen gelten bei solchen Verträgen nicht.

Auch Staffelmieten dürfen aber die ortsübliche Vergleichsmiete nach der Erhöhung nicht um mehr als zwanzig Prozent übersteigen, wenn der Mieter den Beweis erbringen kann, dass diese hohe Miete »unter Ausnutzung eines geringen Angebots« erzielt wurde. Das ist in der Praxis allerdings schwer nachzuweisen und trifft nur in Ausnahmefällen zu. Laut Experten existiert dieser Paragraf nur auf dem Papier.

Eingeschränkt werden solche Staffelmieten ansonsten nur in Städten, in denen die Mietpreisbremse gilt: In solch einem Fall dürfen die einzelnen Staffeln die ortsübliche Vergleichsmiete um nicht mehr als zehn Prozent übersteigen. Dann greift die Staffelmieterhöhung nicht und kann vom Mieter zurückgewiesen werden.

Zwischen zwei Mietpreisstaffeln muss zudem mindestens ein Jahr liegen. Und im Mietvertrag muss die jeweils zu zahlende Monatsmiete ausdrücklich genannt werden. Angaben wie »Erhöhung um fünf Prozent pro Jahr« sind unwirksam.

Selten sind sogenannte Indexmieten, dabei orientiert sich die Miete am Preisindex für die Lebenshaltungskosten aller privaten Haushalte – also der Inflationsrate. Ermittelt das Statistische Bundesamt eine Steigerung, wäre eine Mieterhöhung zulässig. Für den Vermieter ist das die einfachste Art, die Miete zu erhöhen, ohne dass er rechtliche Risiken eingeht. Die Indexmiete hat für ihn außerdem den Vorteil, dass er auch dann noch Mietsteigerungen durchsetzen kann, wenn die

Miete das ortsübliche Niveau bereits erreicht hat oder sogar darüber liegt.

4. Kaution

Mieter müssen maximal drei Nettokaltmieten als Kaution zahlen, selbst wenn im Vertrag mehr steht. Außerdem ist es zulässig, das Geld in drei Monatsraten zu überweisen. Schreibt der Mietvertrag die Zahlung auf einen Schlag vor, ist das unwirksam. Der Vermieter muss die Kaution getrennt von seinem Vermögen auf ein Treuhandkonto legen, eventuelle Zinsen stehen am Ende dem Mieter zu.

Eine sogenannte Kautionsversicherung sollte man nur abschließen, wenn man extrem knapp bei Kasse ist. In diesem Fall gibt der Mieter seinem Vermieter eine Bürgschaftsurkunde, die Prämie von jährlich circa hundert Euro zahlt der Mieter. Muss die Versicherung tatsächlich einspringen, kann sie den Mieter zusätzlich in Regress nehmen. Insgesamt zahlen Mieter also definitiv Geld, selbst wenn in der Wohnung kein Schaden entsteht.

Die Rückzahlung der Kaution an den Mieter kann oftmals mehrere Monate dauern, weil Vermieter Zeit benötigen, um Schadenersatzansprüche zu prüfen. Trotzdem dürfen Mieter in diesem Fall nicht »vorbeugend« die Miete zurückbehalten und die Kaution abwohnen.

5. Kündigungsausschluss

Nach dem Gesetz darf der Mieter jederzeit mit einer Kündigungsfrist von drei Monaten den Vertrag beenden. Viele Vermieter wollen den Mieter aber langfristig binden und die Kündigung für beide Mietvertragsparteien zumindest für einen gewissen Zeitraum ausschließen. Solch ein Kündigungsausschluss ist bis maximal vier Jahre erlaubt.

Solltest du dich darauf einlassen, sichere dich am besten durch eine sogenannte Nachmieterklausel ab. Steht dann doch innerhalb der Frist etwa berufsbedingt ein Umzug an, kommst du ohne finanziellen Verlust aus dem Vertrag, wenn du einen geeigneten Nachmieter vorweisen kannst.

Auch Zeitmietverträge sind zulässig. Allerdings muss der Vermieter dafür einen Grund nennen, etwa dass er die Wohnung anschließend selbst benötigt. In diesem Fall muss der Mieter zum Fristende ausziehen, auch wenn der Vermieter nicht extra gekündigt hat.

6. Renovierung

Ohne finanzielle Gegenleistung müssen Mieter beim Auszug weder malen noch Heizkörper streichen. Außerdem müssen Mieter nur renovieren, was sie »verwohnen«. Viele Klauseln, die Renovierungen vorsehen, sind deshalb unwirksam.

7. Reparaturen

Für große Reparaturen in der Wohnung muss der Vermieter aufkommen – und Handwerker bestellen. Dazu informiert man ihn schriftlich und setzt eine Frist, die je nach Dringlichkeit festgelegt wird. Nur in akuten Fällen wie einem Wasserrohrbruch oder Heizungsausfall darf man selbst aktiv werden, falls der Vermieter nicht erreichbar ist. Ruft man dagegen wegen einer Kleinigkeit den Elektriker, ist der Vermieter nicht verpflichtet, die Rechnung zu übernehmen.

Mietklauseln, nach denen der Mieter alle Reparaturkosten trägt, sind ungültig. Weigert sich der Vermieter zu zahlen, kann man sich etwa beim Mieterbund beraten lassen.

8. Modernisierung

Während der Vermieter die Kosten für Reparaturen allein tragen muss, darf er Kosten für Modernisierungen auf die Miete umlegen – aber nur bis zu acht Prozent der Modernisierungskosten und maximal drei Euro pro Quadratmeter. Bei Wohnungen mit einer Miete bis sieben Euro pro Quadratmeter darf der Vermieter sogar nur um höchstens zwei Euro anheben.

Wird der Wohnwert durch die Modernisierungsarbeiten erheblich beeinträchtigt, kannst du als Mieter die Miete auch dann mindern, wenn du den Arbeiten zugestimmt hast. Die Kürzung musst du dann aber schriftlich ankündigen.

9. Unwirksame Klauseln

Meist können Mieter den Mietvertrag nicht beeinflussen, wenn der Vermieter einen Vordruck benutzt. In diesem Fall sind Mieter aber automatisch vor willkürlichen Klauseln geschützt. Selbst wenn der Mieter solche Verträge unterschreibt, kann er diese Klauseln ignorieren.

Kaufen oder Mieten – was ist besser?

Angesichts der steigenden Mietkosten stellen sich viele meiner Freunde die Frage, ob sie vielleicht nicht doch die Finanzierung einer eigenen Immobilie angehen sollten, statt jeden Monat das Geld an den Vermieter zu überweisen.

Kürzlich erzählte mir eine Bekannte, dass sie mal bei einer Bank die ersten Angebote für eine Immobilienfinanzierung eingeholt habe, schließlich seien die Zinsen ja so niedrig wie nie, da müsse man doch zuschlagen, oder?

Tatsächlich lieben die Deutschen Immobilien, sie gelten im Vergleich zu anderen Anlageformen wie Aktien, Anleihen oder Investmentfonds als grundsolide Angelegenheit. Von Kind auf bekommt man beigebracht: Wer auf eine Immobilie setzt, kann so gut wie nichts falsch machen, denn man spart sich damit die Miete und baut stattdessen Vermögen auf.

Aber stimmt diese Stammtischparole überhaupt? Ist Kaufen tatsächlich langfristig besser, als zur Miete zu wohnen?

Natürlich lässt sich das nicht so einfach sagen. Vor allem hängt die Entscheidung, ob Mieten oder Kaufen die bessere Lösung ist, von den Lebensplänen ab. Wer damit rechnet, wegen verschiedener Jobwechsel öfter in eine andere Stadt umzuziehen, wird eher zur Miete wohnen als ein Mensch mit sicherem Job und Familie.

Aber wie sieht es mit den finanziellen Vorteilen beider Wohnformen aus? Schneidet der Käufer oder der Mieter im Vermögensvergleich besser ab?

Der Online-Vermögensverwalter Growney hat für den Young-Money-Blog mögliche Vermögensentwicklungen von Mietern und Käufern errechnet. In ihrer Berechnung gehen die Forscher davon aus, dass zwei Paare in exakt identischen Wohnungen in einem Berliner Mehrfamilienhaus leben. Das eine Paar entscheidet sich, die Wohnung zu kaufen, das andere wohnt weiter zur Miete. Neben der Wohnung haben die beiden Paare auch sonst dieselben Startvoraussetzungen: Beide haben in den vergangenen Jahren 100.000 Euro zusammengespart.

Zu Beginn kauft das Käuferpaar die Immobilie für 300.000 Euro, es finanziert sie zu einem Drittel aus Eigenkapital (100.000 Euro) und zu zwei Dritteln aus Fremdkapital und nimmt dazu einen Kredit bei einer Bank auf. Nach dreißig Jahren, zum Start der Rente, soll die Immobilie abbezahlt sein. Dann wollen die beiden die Wohnung mit Gewinn verkaufen.

Das zweite Paar geht einen anderen Weg: Es bleibt in der Wohnung zur Miete wohnen und legt das Ersparte breit gestreut am Kapitalmarkt an. So wollen sich die beiden fürs Alter ein Vermögen aufbauen. Jährlich zahlt das Paar eine Kapitalertragsteuer von 25 Prozent auf seine Erträge, während der Verkauf der Immobilie des ersten Pärchens von Steuern befreit ist.

Wer gewinnt das Rennen?

Beim langfristigen Vermögensvergleich von Mieter und Käufer gerät das Käuferpärchen zunächst in Rückstand: Beim Kauf der Wohnung werden als Erstes Grunderwerbsteuer und Notarkosten fällig. Dazu kommt in vielen Fällen die Courtage des Maklers. Diese Anschaffungsnebenkosten liegen in Berlin insgesamt bei 7,5 Prozent. Diese Ausgaben in Höhe von 33.000 Euro müssen die Käufer mit vorhandenem Geld bestreiten. Beim Mieterpärchen bleibt dieses Guthaben dagegen erhalten.

Auch nach dem Wohnungskauf stellt sich die Situation sehr unterschiedlich dar: Der Großteil der gekauften Wohnung gehört im Grunde erst einmal der Bank. Das Käuferpaar stottert über dreißig Jahre mit Tilgungszahlungen den Kredit ab. Meistens sind Baukredite sogenannte Annuitätendarlehen, Immobilienkäufer bekommen also die Summe für den Kauf eines Hauses auf einen Schlag vorgestreckt, im Gegenzug müssen sie das Darlehen über viele Jahrzehnte mit gleichbleibenden Raten zurückzahlen. Die monatliche Rate setzt sich dabei aus der Kreditsumme (Tilgung), dem Zinssatz und der Laufzeit zusammen. In unserem Beispiel liegt der Tilgungssatz bei marktüblichen 2,54 Prozent, der Zinssatz bei günstigen 1,8 Prozent.

Aber das ist noch nicht alles: Neben der Kreditzahlung muss das Paar jährlich 1,5 Prozent der Kaufsumme in die Instandhaltung der Wohnung investieren. Dafür sparen die beiden die Miete.

Das Mieterpaar hingegen ist und bleibt schuldenfrei, muss aber dafür ein Leben lang jeden Monat Miete zahlen. Die beiden sind gerade erst in die Wohnung eingezogen, müssen deshalb den aktuellen Mietpreisen geschuldet stolze 1375 Euro monatlich zahlen – das entspricht aufs Jahr gerechnet 5,5 Prozent des Wohnungspreises. Steigt die Immobilie im Wert, steigt damit automatisch auch die Miete.

Damit der Vergleich fair bleibt, wenden Käufer und Mieter jedes Jahr exakt gleich viel Geld für die Vermögensbildung und Unterkunft auf. Die monatlichen Ausgaben für das Wohnen belaufen sich für die hundert Quadratmeter große Wohnung in unserem ersten Beispiel also auf 1375 Euro. Sollten den Käufern in einem Monat mehr Kosten für ihre Immobilie anfallen, sparen die Mieter die zusätzliche Differenz und legen sie am Kapitalmarkt an.

Wie der Vergleich zu einem bestimmten Zeitpunkt – etwa zum Renteneintritt – ausgeht, hängt vor allem von der Entwicklung der Immobilien- und Mietpreise sowie der der Kapitalmarktrenditen ab.

Geht man nun davon aus, dass die Immobilienpreise und Mieten in den nächsten Jahren weiter steigen (mit jeweils einem Prozent pro Jahr), die Mieter 1375 Euro monatlich zahlen und sich bei der Geldanlage nur eine moderate Rendite erzielen lässt (3,5 Prozent pro Jahr), so liegen die Käufer bereits nach weniger als zehn Jahren beim Vermögensvergleich vorn. Am Ende haben die Käufer durch ihre Zahlungen ihre Immobilie finanziert, die einen Wert von 526.872 Euro hat. Das Mieterpaar hat lediglich ein Vermögen von 259.540 Euro angehäuft. Das Käuferpaar entscheidet in diesem Beispiel das Rennen klar für sich.

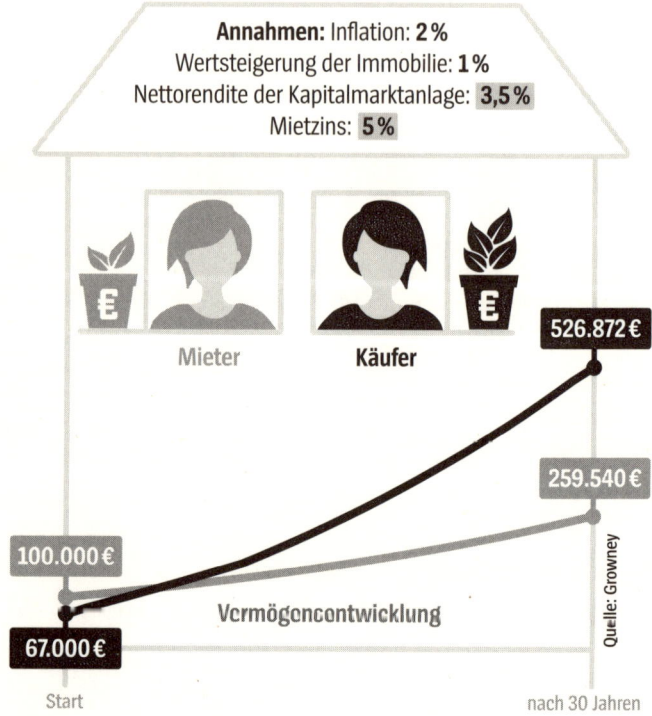

Dabei zeigt sich: »Der Vorsprung des Käufers ist deutlich, weil wir hier von steigenden Immobilienpreisen ausgehen«, sagt Gerald Klein, Geschäftsführer von Growney.

Wenn dagegen der Mieter schon lange in seiner Wohnung wohnt und eine vergleichsweise günstige Ausgangsmiete (nämlich nur 750 Euro im Monat – das entspricht aufs Jahr gerechnet drei Prozent des Wohnungspreises) zahlt, liegt am

Ende der Mieter knapp vorne. Zwar steigt auch in diesem Fall die Miete pro Jahr um ein Prozent, doch das Vermögen des Mieters ist um 30.000 Euro höher als das des Käufers. Und das, obwohl er auf sein Erspartes nur eine moderate Rendite von 3,5 Prozent erzielt.

Risikoscheuer Altmieter gewinnt knapp

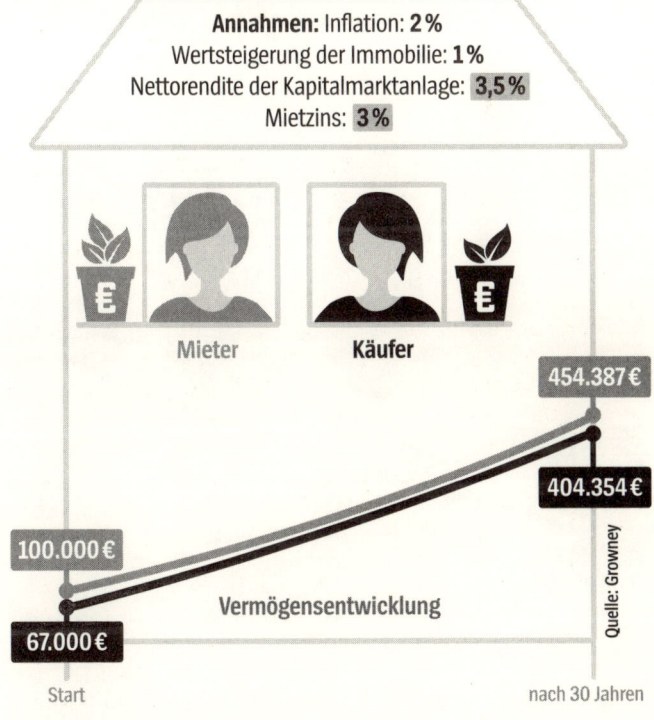

Das Beispiel zeigt: Wer in einer eher günstigen Mietwohnung wohnt, hat kaum einen Grund, nach einem Kaufobjekt Ausschau zu halten – es sei denn, er befürchtet, dass die Miete irgendwann drastisch steigt oder er die Wohnung verlassen muss.

Risikofreudiger Altmieter steht am besten da

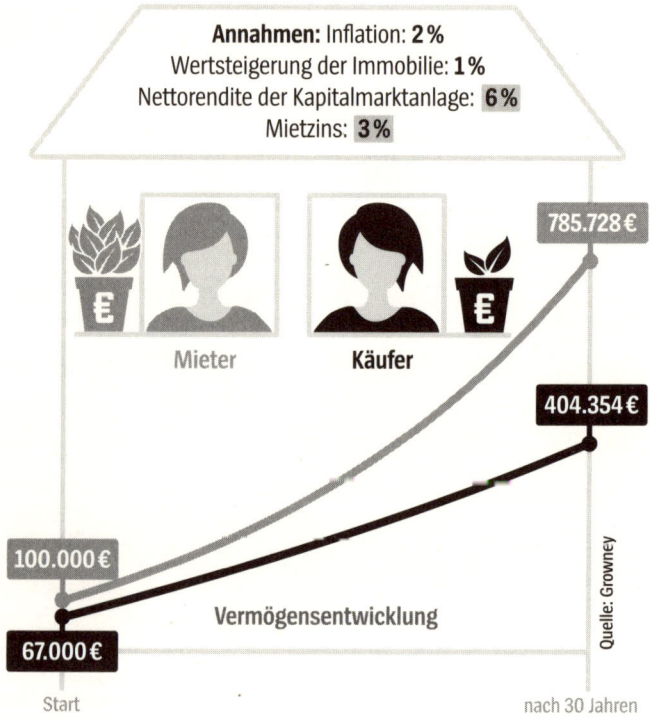

Ist der Mieter zudem risikofreudig, investiert einen Großteil seines Ersparten in Aktien und erzielt nach Steuern und Kosten eine Rendite von sechs Prozent (so wie im langjährigen Durchschnitt der vergangenen hundert Jahre), sieht es noch besser für ihn aus. Sein Vermögen ist dann trotz steigender Immobilienpreise fast doppelt so groß wie das des Käufers.

Die drei Beispiele zeigen: Ob der Mieter oder der Eigenheimbesitzer nach dreißig Jahren vermögender dasteht, ist also entgegen der landläufigen Meinung keineswegs von vornherein klar: Auch der Mieter kann vorne liegen, selbst wenn er den Großteil seines Einkommens für die Mietzahlungen aufwenden muss.

Der Mythos, Miete zu zahlen, bedeute, Geld zum Fenster hinauszuwerfen, muss also nicht stimmen. »Oftmals führt Eigenheimbesitz zu einem niedrigeren Endvermögen als relevante Kapitalmarktanlagen wie Aktien«, sagt Klein.

Der Mieter ist aber nur dann erfolgreich, wenn er konsequent sein Erspartes in renditeträchtige Anlagen investiert. Finanzexperten verweisen immer wieder darauf, dass Immobilienkäufer langfristig oft besser dastehen, weil sie durch ihren Kauf quasi gezwungen sind zu sparen. Denn sie müssen monatlich eine Rate an die Bank zahlen, die in den Aufbau ihres eigenen Vermögens fließt. Das diszipliniert. Viele Mieter haben diesen Zwang nicht und geben stattdessen gern ihr Geld für Konsum aus. Sie haben dann im Alter kein Vermögen, während der Immobilienkäufer durch dreißig Jahre langes zwanghaftes Sparen auf eine schuldenfreie Immobilie zurückgreifen kann.

Mieter müssen also genauso diszipliniert wie Eigenheimkäufer privat fürs Alter vorsorgen und langfristig auf Konsum verzichten. Nur dann können sie von Renditen am Kapitalmarkt profitieren und ein Vermögen aufbauen. Tun sie es nicht, stehen sie in jedem Fall schlechter als Immobilienkäufer da.

Wie du für einen Hauskauf sparen kannst

Wenn du jetzt schon weißt, dass du dir in einigen Jahren mal eine eigene Immobilie kaufen willst, musst du viel Geld sparen. Denn die größte Hürde für die Finanzierung ist meist das Eigenkapital. Ohne ist der Traum vom Eigenheim fast unmöglich. Ganz auf Pump sollte man nicht finanzieren.

Je mehr Eigenkapital du mitbringst, desto niedriger werden die Zinssätze, die du für den Kredit zahlen musst. Das liegt daran, dass er für die Bank weniger riskant wird und sie deswegen einen geringeren Preis dafür verlangt.

Zum Eigenkapital zählt alles, was du sofort einsetzen kannst: Geld auf Sparbüchern, Tagesgeld- und Festgeldkonten, der Wert von Aktien, Fonds oder anderen Wertpapieren.

Um dein Eigenkapital zu erhöhen, empfiehlt es sich, einen Großteil deines Einkommens anzulegen. Doch wenn du innerhalb der nächsten sieben Jahre ein Eigenheim kaufen willst, gilt: Aktien sind für dich tabu. Denn wie wir bereits in Kapitel 2 festgestellt haben, wirft diese Anlageform zwar die besten Renditen ab, sie schwankt dafür aber auch sehr stark. Es könnte also sein, dass die Börsenkurse just zu dem Zeitpunkt, zu dem du eine Immobilie kaufen willst, im Keller sind. Immobilienkäufer sollten deshalb die Finger von Aktien lassen, für sie bleibt nur, auf die sichersten und liquidesten Sparformen zu setzen, weil sie das Geld ja am Tag X auf jeden Fall brauchen. Dafür eignet sich zum Beispiel Tages- oder Festgeld.

Nur wenn der Immobilienkauf noch in weiter Ferne liegt, also der frühestmögliche Zeitpunkt der Investition rund zehn Jahre entfernt ist, solltest du einen Teil deines Ersparten in Aktien investieren, um von den höheren Renditen zu profitieren (mehr dazu in Kapitel 2).

Die Anlagestrategie für einen zukünftigen Immobilieninvestor ist also relativ simpel: Möglichst viel vom Gehalt zurücklegen und so sicher wie möglich anlegen.

Aber was ist mit einem Bausparvertrag? Meine Freunde fragen mich immer wieder, ob solch ein Vertrag Sinn macht, schließlich ist es das Finanzprodukt der Deutschen schlechthin. Bei nahezu jedem Beratungsgespräch einer Bank bekommt man ihn angeboten. Es gibt fast mehr als dreißig Millionen solcher Verträge in Deutschland. Rechnerisch haben etwa drei Viertel der deutschen Haushalte einen solchen Vertrag.

Tatsächlich lässt sich mit einem Bausparvertrag der Bau oder Kauf einer Immobilie finanzieren. Dazu werden zwei Produkte kombiniert: ein Sparplan und ein Darlehen.

Zunächst wird die Bausparsumme festgelegt. Sie entspricht dem Betrag, den der Sparer später für seine Immobilie zur Verfügung haben möchte. Dann muss der Kunde einen Teil dieser Summe monatlich ansparen, in der Regel dreißig bis fünfzig Prozent. Auf dieses Guthaben bekommt der Sparer Zinsen gezahlt, die sind momentan aber nur sehr niedrig und betragen meist 0,1 Prozent im Jahr. Das ist noch weniger, als du bei einem klassischen Tagesgeldkonto bekommen würdest.

So funktioniert ein Bausparvertrag

Typischer Ablauf eines Bausparvertrags mit einer Bausparsumme von 50.000 Euro. Daraus ergibt sich eine Sparrate von 250 Euro im Monat, die Sparzeit beträgt sieben Jahre.

1. SPARPHASE

Der Kunde muss einen Teil monatlich ansparen, in der Regel **30 bis 50 Prozent**. Auf dieses Guthaben bekommt der Sparer Zinsen gezahlt.

20.226 Euro Guthaben
Februar 2027

Sparrate: **250 Euro/Monat**
Guthabenzins: **0,1 %**

2. ZUTEILUNGSPHASE

Jetzt kann sich der Sparer sein Guthaben auszahlen lassen und ein Darlehen abrufen. Zusammengenommen sind das **50.000 Euro**.

3. DARLEHENSPHASE

Der Bausparer zahlt das Darlehen in **konstanten Raten** ab.

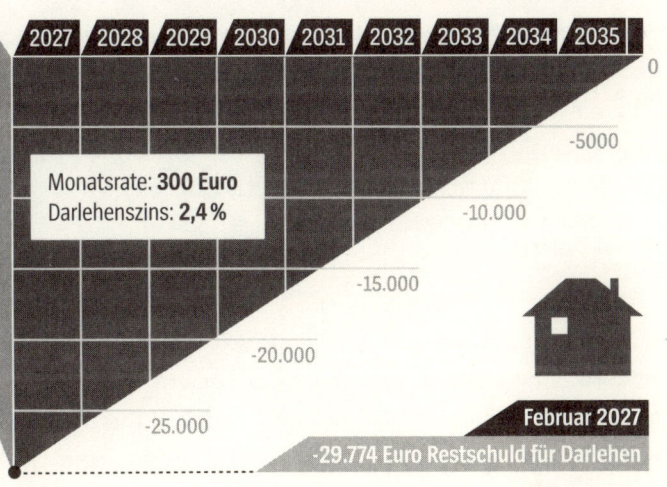

Monatsrate: **300 Euro**
Darlehenszins: **2,4 %**

Februar 2027
-29.774 Euro Restschuld für Darlehen

Quelle: Finanztest

Nach einer gewissen Zeit – beispielsweise nach zehn Jahren – kommt der Bausparvertrag in die Zuteilungsphase. Dann bekommt der Kunde das Darlehen für die Baufinanzierung ausgezahlt. Er hat dann also die angesparte Summe plus das Darlehen zur Verfügung, um es für den Kauf eines Hauses oder eine Wohnung zu verwenden. Danach zahlt er weitere zehn Jahre zu relativ günstigen Konditionen das Darlehen ab.

Der Vorteil am Bausparen: Der Zinssatz für das spätere Bauspardarlehen steht heute schon fest, auch wenn der Kunde sein Haus erst in sieben oder zehn Jahren kauft oder baut. Junge Bausparer können sich also aktuelle Niedrigzinsen bis weit in die Zukunft sichern.

Das Problem daran: Oft ist der Bausparvertrag trotzdem ein Verlustgeschäft, weil die Guthabenzinsen in der Ansparphase so niedrig sind, dass sie den späteren Zinsvorteil beim Kredit nicht ausgleichen können. Hinzu kommt: Für einen Bausparvertrag fallen Kosten an, und zwar meist eine Abschlussgebühr und Kontoführungsgebühren, meist beläuft sie sich auf zwei bis drei Prozent der Kreditsumme.

Für junge Erwachsene, die zwischen 16 und 25 Jahre alt sind, gibt es aber einen Vorteil: Sie können sich die staatliche Wohnungsbauprämie sichern. Auf den maximal geförderten Sparbeitrag von 512 Euro pro Jahr zahlt der Staat 8,8 Prozent als Prämie drauf. Das bedeutet: Wer knapp 43 Euro im Monat spart, erhält praktisch eine dreizehnte Einzahlung im Jahr als Prämie dazu, nämlich 45 Euro. Bei einer Spardauer von acht Jahren ergeben sich so Bausparsummen von 9000 bis

11.000 Euro. Der ausgezahlte Betrag liegt dann je nach dem genauen Zeitpunkt der Auszahlung bei etwa 4700 Euro.

Einige Bausparkassen bieten zusätzlich eigene Jugendprämien an, andere erlassen jungen Leuten die Abschlussgebühr. Hinzu kommt: Junge Sparer dürfen das Guthaben nach der Auszahlung beliebig verwenden, im Gegensatz zu älteren Sparern, die das Darlehen unbedingt für ihre Immobilie einsetzen müssen.

Nimmt man diese Punkte zusammen, wird ein mäßig verzinster Bausparvertrag für junge Leute zur gut verzinsten Geldanlage.

Für diesen einfachen Vertrag benötigen junge Sparer keine persönliche Beratung und müssen nicht in eine Bankfiliale. Der Vertrag lässt sich bequem online berechnen und direkt abschließen.

Für Menschen, die älter als 25 sind, fallen viele Vorteile leider weg. Setzt der Sparer den Vertrag dann nicht für die eigene Immobilienfinanzierung oder -modernisierung ein, gibt es für ihn kein Darlehen: Er bekommt nur das angesparte Kapital ausgezahlt. Wegen der erhaltenen Minizinsen bleibt dann nur ein mies verzinster Sparvertrag.

Außerdem könnte es auch passieren, dass die Bauzinsen für viele weitere Jahre niedrig bleiben. Dann fällt auch der erste Vorteil – sich niedrige Zinsen zu sichern – weg.

Für mich als 28-Jährigen gibt es keine staatlichen Förderungen mehr, und es ist bislang völlig unklar, wann und ob ich überhaupt eine Immobilie finanzieren werde. Für mich ist der Bausparvertrag dann nur ein kümmerlich verzinster Sparvertrag.

In meinem Fall ist es besser, Sparen und Kreditaufnahme zu trennen und für beide Phasen jeweils den besten Anbieter zu suchen. Etwa Tagesgeld oder Aktiensparpläne in der Sparphase und später dann, wenn es so weit ist, die Bank mit dem günstigsten Darlehenszins für den Immobilienkauf.

Meine Anlagestrategie bleibt also wie bisher: Was Immobilien angeht, bleibt mir nichts anderes übrig, als abzuwarten, bis ich ein konkretes Ziel habe. Bausparen ist deshalb für Leute in meinem Alter nur sinnvoll, wenn sie sich gegen einen größeren Zinsanstieg absichern wollen und sich recht sicher sind, dass sie ihre Immobilienpläne langfristig auch tatsächlich verwirklichen. Für Jüngere kann Bausparen aber eine sichere und gut verzinste Geldanlage sein – unter der Bedingung, dass der junge Kunde die staatliche Prämie nutzt.

Wie viel du für einen Immobilienkauf ausgeben kannst

Hast du einmal entschieden, dass du auf jeden Fall irgendwann einmal in den eigenen vier Wänden wohnen willst, stellt sich die große Frage: Was kostet das alles – und wie kannst du es dir leisten?

Schritt für Schritt besprechen wir in diesem Kapitel, wie du dich auf einen Immobilienkauf vorbereiten kannst.

1. Berechne dein monatliches Budget für die Zahlung des Baukredits

Um herauszufinden, was für ein Haus oder was für eine Wohnung du dir leisten kannst, solltest du klären, wie viel du jeden Monat fürs Wohnen aufbringen kannst. Dazu ziehst du von deinem Haushaltsnettoeinkommen alle Fixkosten und eine Pauschale für deine monatlichen Lebenshaltungskosten ab. Ausgenommen davon ist die bisherige Höhe der Miete, weil diese ja bei einem Hauskauf wegfällt und in die Immobilienfinanzierung fließt.

Wenn du eine Immobilie auf Pump kaufst, kommen drei Arten an laufenden Kosten auf dich zu:

- Zinszahlungen an die Bank
- Tilgung des Kredits an die Bank
- Nebenkosten (Betriebskosten) für die Wohnung oder das Haus

Zinsen und Kredittilgung fasst man unter dem Begriff Kapitaldienst zusammen. Nach einer Faustformel sollte dieser nicht mehr als vierzig Prozent des Nettoeinkommens eines Haushalts ausmachen. Inklusive Betriebskosten sollen es nicht mehr als fünfzig Prozent sein.

Beim monatlichen Blick auf den Kontoauszug bleibt die monatliche Rate zwar stets gleich, sie verändert sich aber eigentlich, ohne dass man es auf den ersten Blick sieht: Da die Restschuld von Jahr zu Jahr sinkt, wird der Zinsanteil immer geringer und der Tilgungsanteil steigt. Am Ende der Laufzeit zahlt der Kunde meist kaum noch Zinsen, sondern tilgt vor allem die Restschuld.

Schauen wir es uns an einem Beispiel an: Angenommen, du nimmst ein Darlehen in Höhe von 300.000 Euro auf, die Sollzinsen betragen zwei Prozent und die Höhe der Tilgungsrate beträgt vier Prozent, dann musst du monatlich 1500 Euro an die Bank zahlen. Die Rate setzt sich zusammen aus Zinsen in Höhe von 500 Euro und Tilgung in Höhe von 1000 Euro. Schon im zweiten Monat verschieben sich die Anteile. Da die Restschuld nur noch 299.000 Euro beträgt, sinken die Zinsen auf 498,33 Euro und die Tilgung steigt im Gegenzug auf 1001,67 Euro. Die Monatsrate bleibt bei 1500 Euro. Nach 24 Jahren ist der Käufer schuldenfrei.

Solche Beispiele kannst du problemlos mit einem Tilgungsrechner von Interhyp nachrechnen: www.interhyp.de/tilgungsrechner.

Neben den Kosten des Kapitaldienstes musst du Betriebskosten berücksichtigen, dazu gehören Aufwendungen für Heizung, Strom, Wasser, Müllabfuhr, Grundsteuer und Wohngebäudeversicherung. Außerdem solltest du eine monatliche Instandhaltungsrücklage einplanen, zum Beispiel 200 Euro pro Monat. Dieses Geld wird für unvorhergesehene Ausgaben zurückgelegt, etwa für eine neue Heizungsanlage oder eine Dachreparatur.

Wichtig ist deshalb, dass du deine laufenden Kosten und monatlichen Ausgaben ehrlich durchrechnest – und dann für dich selbst festlegst, wie viel Geld du für Kapitaldienst und Betriebskosten aufwenden kannst. Rechne nicht zu knapp – und bedenke, dass dein Einkommen auch einmal sinken kann, zum Beispiel im Falle eines Jobwechsels oder gar Arbeitsplatzverlusts.

Die größte Hürde für die Finanzierung ist aber ohnehin meist das Eigenkapital. Ohne eine stattliche Summe an Erspartem ist der Traum vom Eigenheim fast unmöglich. Ganz auf Pump sollte man nicht finanzieren, weil das viel zu riskant und teuer ist.

Dabei gilt: Je mehr Eigenkapital du hast, desto besser, denn desto niedriger werden die Zinssätze, die du für den Kredit zahlen musst. Als Faustregel gilt: Zwanzig bis dreißig Prozent der Kaufsumme sollte man als Eigenkapital mitbringen. Bei unserem Beispiel mit einem Hauspreis von 300.000 Euro sind das 60.000 bis 90.000 Euro.

Geld, das man erst einmal haben muss. Wenn das eigene

Vermögen nicht reicht, gibt es auch noch die Möglichkeit, sich Geld von Verwandten zu leihen – zum Beispiel von den Eltern als vorgezogenes Erbe. Ansonsten bleibt einem nur, zur Miete zu wohnen.

Wichtig ist auch, von Anfang an einen Sicherheitspuffer einzukalkulieren. Bei einem alten Haus oder einer alten Wohnung sollte dieser Puffer höher sein als beim Erstbezug im Neubau. Denn kaputtgehen kann immer mal was. Sei es das Dach oder die Heizung. Und dann braucht man schnell Geld. 10.000 Euro sollte man also mindestens auf einem Tagesgeldkonto zusätzlich liegen lassen – für unangenehme Überraschungen.

2. Denke an die Kaufnebenkosten

Wenn du ein Haus oder eine Wohnung kaufst, ist der Preis, den du in der Anzeige siehst, nicht der, den du wirklich zahlen musst. Zum Kaufpreis hinzu kommen nämlich auf jeden Fall noch die Grunderwerbsteuer, die Gebühren für den Notar, der den Kaufvertrag aufsetzt, sowie für die Änderung des Grundbucheintrags. Außerdem kann noch die Maklercourtage hinzukommen.

Ein Beispiel zeigt, was dabei zusammenkommen kann: Ein vierzigjähriges Paar will eine Eigentumswohnung in Hamburg kaufen. Die Wohnung soll 300.000 Euro kosten.

Dafür fallen folgende Nebenkosten an:

- 4,5 Prozent Grunderwerbsteuer: 13.500 Euro
- 1,5 Prozent Notar- und Grundbuchgebühren: 4500 Euro
- 6 Prozent Maklercourtage: 18.000 Euro

Die Nebenkosten liegen damit also bei 36.000 Euro – und die Gesamtkosten bei 336.000 Euro. Da sind etwaige Ausgaben für Renovierung oder Sanierung der Wohnung noch nicht mit eingerechnet.

3. Berechne die Darlehenssumme

Es gibt eine einfache Faustformel, um die maximale mögliche Kreditsumme zu berechnen. Nimm dazu deine monatliche Belastungsgrenze aus Schritt 1 und multipliziere diese mit zwölf, um die jährliche Maximalbelastung zu berechnen. Teile dann dieses Ergebnis durch die Summe von Zins- und Tilgungssatz. So erhältst du deine maximale Darlehenssumme.

Ein Beispiel: Deine Belastungsgrenze liegt bei tausend Euro pro Monat, also 12.000 Euro pro Jahr. Wenn die Zinsen bei zwei Prozent liegen und du eine Tilgungsrate von ebenfalls zwei Prozent anstrebst, lautet die Rechnung 12.000 : (0,02 + 0,02), also 12.000 : 0,04 = 300.000 Euro. Das ist die maximale Darlehenssumme.

Hinzurechnen musst du dann noch dein mitgebrachtes Eigenkapital. Mit einem Eigenkapital von 100.000 Euro kämest du also auf 400.000 Euro. So viel darf dein neues Haus kosten, allerdings inklusive Nebenkosten. Der Angebotspreis für das Haus sollte also, je nach Nebenkosten, eher bei 350.000 Euro liegen.

4. Sichere dir die Niedrigzinsen für lange Zeit

Die Zinsen für Immobiliendarlehen sind seit Jahren historisch niedrig. Momentan können sich Haus- oder Wohnungskäufer teilweise für weniger als ein Prozent Geld leihen. Zum Vergleich: Vor zehn Jahren waren mindestens fünf Prozent fällig.

Die Höhe der Zinsen macht für Hauskäufer viel aus. Wer ein Darlehen über 200.000 Euro zu einem Zinssatz von acht Prozent aufnimmt und in den ersten zehn Jahren 100.000 Euro davon zurückbezahlt, muss allein in diesem Zeitraum schon 125.000 Euro Zinsen zahlen. Bei einem jährlichen Zinssatz von zwei Prozent dagegen liegen die Zinskosten nur bei 30.000 Euro.

In unserem Beispiel ist der Sollzinssatz für zehn Jahre festgeschrieben. Grundsätzlich gilt: Je kürzer die Zinsbindungsfrist, desto günstiger der Zinssatz, den die Bank anbietet. Gleichzeitig steigt mit einer kurzen Frist die Unsicherheit: Die Zinsen können steigen, und damit auch die monatliche Rate. Im Gegensatz dazu bietet eine langfristige Zinsbindung eine Versicherung gegen einen unerwarteten Anstieg der Zinsen, dafür sind aber die Zinssätze höher.

Die meisten Experten raten deshalb dazu, in der aktuellen Niedrigzinsphase gerade bei hohen Kreditsummen lieber lange Zinsbindungen festzuschreiben – auch wenn das ein paar Zehntel Prozentpunkte mehr kostet. Dein Vorteil ist aber: Du weißt genau, was in den kommenden fünfzehn oder zwanzig Jahren auf dich zukommt.

5. Tilge schnell, wenn die Zinsen niedrig sind

Der letzte Punkt, auf den du achten solltest, ist die Tilgungsrate, also die Frage, wie viel von deinem Schuldenberg du jedes Jahr abtragen willst. Bei einer niedrig angesetzten Tilgungsrate von einem Prozent pro Jahr ist die monatliche Belastung zwar relativ niedrig, du brauchst aber womöglich vierzig oder fünfzig Jahre, bis du die Schulden abgetragen hast.

Doch eigentlich wäre es doch schön, wenn du spätestens bis zur Rente fertig bist mit dem Abbezahlen. Deshalb ist es sinnvoll, eine höhere Tilgungsrate von zwei bis drei Prozent pro Jahr zu wählen. So wird der Schuldenberg schnell kleiner.

Viele Banken erlauben es in ihren Kreditverträgen, mindestens einmal die Tilgungsrate zu ändern. Das kann sehr sinnvoll sein: Wenn du zum Beispiel in zehn Jahren deutlich mehr verdienst als heute, kannst du die Tilgungsrate erhöhen. Solltest du dagegen den Job verlieren und weniger Einkommen haben, kannst du die Rate senken. Das vermindert dann die monatliche Belastung.

Auch auf die Möglichkeit zur Sondertilgung solltest du beim Kreditvertrag achten. Damit kannst du, wenn du mal Geld übrig hast, jedes Jahr zusätzlich Schulden abtragen, allerdings nur bis zu einem bestimmten Höchstbetrag.

So setzt du einen Immobilienkauf am besten um

Ein Haus zu kaufen, ist die wohl schwierigste finanzielle Entscheidung, die wir in unserem Leben tätigen werden. Die ganze Angelegenheit ist wirklich komplex und lässt sich nicht so leicht wie das Sparen mit Aktien umsetzen. Es wird in deinem Leben nicht oft vorkommen, dass du einen großen Gegenstand für mehrere 100.000 Euro kaufst und einen großen Teil davon mit fremdem Geld bezahlst, das du über die nächsten Jahre aus deinem Einkommen tilgen musst.

Bis die Suche nach einer Immobilie erfolgreich endet, können Monate vergehen. Du wirst dabei lernen müssen, mit Frust umzugehen, denn nicht selten zieht man im Wettstreit mit anderen Käufern den Kürzeren.

Nachdem du für dich berechnet hast, wie viel du grob für einen Immobilienkauf ausgeben kannst, geht es darum, ein passendes Objekt zu finden. Das Angebot ist groß: Über Immobilienmarktplätze im Internet wie immoscout24.de, immowelt.de und ohne-makler.net sowie über Kleinanzeigenportale wie kalaydo.de lassen sich in Sekunden Tausende von Häusern und Wohnungen finden.

Um die Suche einzugrenzen, solltest du überlegen, wie viel

Platz du eigentlich brauchst. Dafür kommst du nicht darum herum, einen Blick in die Zukunft zu werfen: Wer soll einmal in der Immobilie leben? Wie viele Kinder möchtest du haben? Im nächsten Schritt lassen sich einzelne Angebote, aber auch ganze Stadtteile oder Regionen ausschließen, in denen man sich eine Immobilie vermutlich nicht leisten kann.

Dann geht es ans Besichtigen. Je mehr Immobilien du angesehen, je mehr Verkäufer du getroffen hast, umso besser kannst du vergleichen. Und umso größer ist die Wahrscheinlichkeit, auch ein Haus zu finden, bei dem die Kompromisse überschaubar sind.

Es empfiehlt sich, die Immobilie genau unter die Lupe zu nehmen, also auch nach Schimmel an den Wänden Ausschau zu halten, nach Schäden zu fragen und Energiekosten in Erfahrung zu bringen. Auch die Umgebung sollte man sich genau ansehen: Wie viel Verkehr gibt es? Wie weit ist der Weg zur Arbeit?

Parallel zur Suche nach einer passenden Immobilie geht es für dich darum, die Finanzierung zu klären und den günstigsten Kredit zu finden. Das ist zugegebenermaßen kein leichtes Unterfangen. Ich kann dir deshalb in diesem Fall auch keine simple Checkliste anbieten, die du einfach der Reihe nach abarbeiten kannst. Eher geht es für dich darum, dich im Vorfeld gut zu informieren und dich ins Thema einzuarbeiten. Erst nachdem du grob deine Lage durchgerechnet hast, ist es sinnvoll, sich verschiedene Kreditangebote einzuholen. Dafür muss man jedes Mal eine komplett neue Rechnung aufmachen, weil von Haus zu Haus die Bedingungen völlig unterschiedlich sind.

Läufst du einfach ohne Vorwissen zur nächsten Bank, ist die Gefahr groß, über den Tisch gezogen zu werden. Denn eines ist klar: Die Bank verdient mehr Geld an einem »dummen« Kunden als an einem »schlauen«. Die Vorrecherche solltest du also angehen, bevor du in ein Gespräch mit Banken und Baugeldvermittlern gehst. Sonst lässt du dir das Thema von den Anbietern »erklären« und gehst damit die Gefahr ein, dich abzocken zu lassen.

Jeder, der sich ein Haus kaufen will, kommt deshalb nicht darum herum, sich Hilfe bei einem Berater zu holen. Doch damit meine ich nicht, dass du einfach darauf hören sollst, was dir Makler und Bankberater erzählen. Denn diese Gruppe von Menschen berät dich nicht unabhängig, sie verdient direkt oder indirekt daran, dass du eine Immobilie kaufst. Sie können dir deshalb keinen objektiven Rat geben, weil sie einem Interessenkonflikt unterliegen. Zwar werden Gespräche bei einer Bank als »Beratung« bezeichnet, in Wahrheit sind sie aber nichts anderes als Verkaufsgespräche.

Im Vorfeld lohnt es sich, dein Anliegen mit Freunden, Eltern oder anderen Verwandten zu besprechen. Oftmals kannst du aus ihren Erfahrungen lernen und so einige Fehler von vornherein ausschließen. Auch bekommst du in solchen Gesprächen ein besseres Gefühl für das ganze Thema. Ich würde aber davon abraten, mich allein auf die Eltern zu verlassen, denn oftmals ist ihr Hauskauf ein paar Jahre her. Wie wir bereits gelernt haben, sind die Finanzierungsbedingungen heutzutage ganz andere als noch vor einigen Jahren.

Es ist deshalb sinnvoll, sich wirklich unabhängig zu informieren und beraten zu lassen – auch wenn das etwas Geld kostet. Die wohl beste Beratung liefern die Verbraucherzentralen, die als gemeinnützig anerkannt sind. Sie beraten dich neutral und kompetent zu fairen Preisen. Dazu brauchst du nur die Verbraucherzentrale deiner Stadt im Internet anzusteuern und einen Termin für ein Beratungsgespräch zu vereinbaren.

Eine andere Möglichkeit wäre, einen Honorarfinanzberater zu konsultieren – das sind Spezialisten, die dich unabhängig beraten und keinerlei Provisionen oder Kommissionen von den Finanzanbietern einstreichen. Der Honorarberater wird einzig und allein von dir bezahlt – wie ein Rechtsanwalt, Steuerberater oder Architekt. Viele meiner Freunde sträuben sich dagegen, weil sie es nicht einsehen, dafür mehrere Hundert Euro zu zahlen, und lassen sich deshalb lieber von dem Bankangestellten »beraten«, den sie seit Kindheitstagen kennen. Denn hier gebe es die Informationen und Empfehlungen ja kostenlos, sagen sie. Doch tatsächlich kann solch eine »Beratung« richtig teuer werden, denn beim Produktabschluss fließen Provisionen.

Während der Beratung kannst du beginnen, dir über ein, zwei oder drei Baugeldvermittler unverbindliche Angebote einzuholen. Empfehlenswerte Vermittler sind Dr. Klein, Interhyp und Planet Home. Nach einer Untersuchung der Stiftung Warentest sind die Angebote der Online-Baugeldvermittler deutlich günstiger als die der regulären Banken. Aber auch hier gilt: Diese Online-Vermittler werden von den Kreditgebern bezahlt, sie vermitteln dir deshalb nicht unbedingt das beste Produkt, sondern das, an dem sie gut verdienen.

Dann ist es sinnvoll, einen Termin bei einer regionalen Filialbank auszumachen, um ein erstes Gespräch zu führen. Hierbei geht es erst einmal darum, dass du dich vorstellst, dein geplantes Vorhaben schilderst und dich als attraktiven Kunden vermarktest, damit die Bank glaubt, dass es sich lohnt, dir einen Kredit anzubieten. Es empfiehlt sich, im Anschluss zu Hause die Informationen der Bank mit den Informationen der Online-Baugeldvermittler abzugleichen. Oft macht es Sinn, die Bank mit den Angeboten der Vermittler zu konfrontieren und nachzuverhandeln.

Wenn du eine passende Immobilie gefunden und eine verbindliche Kreditzusage der Bank erhalten hast, hast du es fast geschafft! Du hast dich durch Berge von Papier gearbeitet, durch Kreditangebote, Exposés und Verkaufsunterlagen. Du hast Vor- und Nachteile abgewogen und dich mit dem Verkäufer und deiner Bank geeinigt.

Gemeinsam mit dem Verkäufer vereinbarst du nun einen Termin beim Notar. Das ist wichtig zu wissen: Der Kaufvertrag über eine Immobilie bedarf immer der Schriftform und muss notariell beurkundet werden. Ist der Vertrag einmal unterschrieben, kann man nur von ihm zurücktreten, wenn die andere Seite ihn in wesentlichen Punkten nicht erfüllt – der Käufer also nicht zahlt.

Bis dahin solltest du dir die Immobilie genau ansehen und ihren Zustand dokumentieren. Das Haus wird in dem Zustand gekauft, in dem es besichtigt wurde. Der Verkäufer haftet nur noch für solche Schäden, die er verschwiegen hat – wenn also zum Beispiel das Dach undicht ist, obwohl er das auf Nachfrage bestritten hat. Solche Täuschungen nachzuweisen, ist meist nur möglich, wenn der Zustand zuvor dokumentiert ist.

Der Notar erfragt, ob noch Reparaturen oder Renovierungen vereinbart worden sind; außerdem erkundigt er sich nach dem Kaufpreis und der Finanzierung. Dann setzt er den Vertrag auf, schickt ihn Käufer und Verkäufer zu, und wenn nichts Unvorhergesehenes passiert, liest er ihn beim Termin in seinem Büro wortwörtlich vor, lässt sich die Personalausweise zeigen und bittet zur Unterschrift.

Der Notar überwacht nach der Unterschrift, wie Immobilie und Geld Zug um Zug den Eigentümer wechseln. Im Regelfall überweist erst der Käufer oder dessen Bank den Kaufpreis oder zahlt ihn an, auf Wunsch zunächst auf ein Treuhandkonto, über das nur der Notar verfügen darf. Dann erfolgt die Übergabe der Immobilie!

KAPITEL 7:
Geld & Liebe

Der richtige Umgang mit Geld in der Partnerschaft

Lena und Alexander streiten mal wieder ums Geld. Denn Alexander, 32, Software-Entwickler, hat sich ein teures Retro-Rennrad gegönnt, ohne es vorher mit seiner Freundin Lena, 29, Physiotherapeutin, abzusprechen. Alexander kaufte das Peugeot Sport, 1975er Baujahr, bei einem Online-Fahrradhändler in Berlin, gut erhalten mit metallisch-hellblauem Stahlrahmen, ein echter Hingucker – und nicht gerade billig.

»Lena hätte mir eh versucht auszureden, dafür 2500 Euro hinzulegen«, sagt Alexander zu mir, als er mir das Fahrrad in seinem Wohnzimmer zeigt.

»Ja, hätte ich, denn du hast halt schon drei Fahrräder, und ich finde den Preis völlig übertrieben«, entgegnet Lena, die gerade das Wohnzimmer betritt.

»Aber guck dir dieses fette Teil an, ich musste es einfach haben«, meint Alex.

»Wir haben diesen Monat schon viel zu viel Geld ausgegeben«, sagt Lena.

»Aber ich kann das Ding in ein paar Jahren für mehr Geld wieder verkaufen«, erwidert Alexander.

Und Lena: »So wie das alte Bianchi-Retro-Fahrrad, das du restaurieren wolltest?«

Ich erlebe es häufig, dass sich Paare übers Geld streiten. Tatsächlich zeigt eine Allensbach-Studie, dass Geldfragen zu den häufigsten Problemauslösern in Beziehungen gehören – viel mehr als andere Lebensstilfragen. Paare, so ist das nun mal, müssen sich irgendwie darauf einigen, wie und wofür sie ihr Geld ausgeben. Dennoch kommt es in Beziehungen häufig zu Streit, weil Menschen ganz unterschiedlich mit ihrem Geld umgehen.

Das liegt vielleicht auch daran, dass sich das Rollenverständnis in den vergangenen Jahren stark verändert hat. Früher brachte traditionell der Mann das Geld nach Hause und entschied, wofür es ausgegeben wurde. Die Frau überwachte zwar die Haushaltskasse, hatte aber ansonsten wenig mitzureden. Heute ist das zum Glück anders. Frauen gehen arbeiten, verdienen mitunter mehr als ihre Partner. Das sorgt für Reibungen, wenn unterschiedliche Geldtypen aufeinandertreffen.

So ist es auch bei Alexander und Lena. Alexander war immer jemand, der sein Geld gerne für teure Hobbys wie Fahrradfahren und Fotografie ausgegeben hat. Wenn ihm jemand aus dem Freundeskreis Geld geschuldet hat, vergaß er das oft. Lena hingegen schaut immer aufs Geld. Beim Einkauf guckt sie nach Sonderangeboten und Schnäppchen und geht selten shoppen. Bevor Lena zur Arbeit fährt, schmiert sie sich Brote für die Pause – Alexander nimmt lieber jeden Tag auf dem Weg zur Arbeit beim Bäcker etwas mit.

Ich schlage befreundeten Pärchen deshalb immer wieder verschiedene Schritte vor, die sie beim Umgang mit dem gemeinsamen Geld berücksichtigen können. Das erleichtert den Alltag und vermeidet Streit ums Geld.

1. Ein Drei-Konten-Modell einführen

Ich halte zum Beispiel viel von der Lösung, dass Paare ein Drei-Konten-Modell anwenden. Jede(r) hat dann ein eigenes Konto, auf dem das jeweilige Gehalt landet. Beide überweisen einen Betrag X auf das gemeinsame Haushaltskonto zur Deckung geteilter Kosten wie Miete und Lebensmittel. Alles andere bleibt auf dem persönlichen Konto, wo jeder mit dem Geld machen kann, was er/sie will.

Es ist wichtig, auch in einer Beziehung für sein eigenes Geld verantwortlich zu sein und sich nicht in eine Abhängigkeit zum Partner zu begeben. Lena und Alexander haben ihre Einkommen komplett zusammengelegt, deshalb gibt es Streit, wenn sich Alexander mal wieder ein teures Fahrrad kauft.

2. Die Ausgaben fair aufteilen

Dabei sollten Paare ihre Ausgaben gerecht splitten. Und das muss nicht zwangsläufig 50 : 50 sein, wenn einer von beiden weniger verdient. Es ist zum Beispiel nicht fair, wenn der Partner mit geringerem Einkommen die Hälfte der Mietkosten zahlt, obwohl er oder sie viel weniger verdient. Die Höhe der Anteile an den gemeinsamen Kosten sollte sich prozentual nach dem Einkommen richten. Lena zum Beispiel verdient 1700 Euro netto, ihr Freund Alexander 2900 Euro. Macht ein Haushaltseinkommen von 4600 Euro. Also sollte Lena 37 Prozent der Haushaltskosten zahlen, weil das ihrem Einkommensanteil entspricht.

3. Offen über Geld reden

Bei Finanzangelegenheiten, so die gängige Vorstellung, geht es um hartes Abrechnen, um kühles Kalkulieren. Bei der Liebe aber geht es um Gefühle und romantische Abende beim Italiener. Liebe und Geld, glauben viele, scheinen nicht zueinanderzupassen. So weit die Klischees. Dabei ist eine Partnerschaft immer auch eine Wirtschaftsgemeinschaft.

Deshalb ist es sinnvoll, offen über das Thema Geld zu sprechen. Das mag sich banal anhören. Aber immer noch ist zwischen Partnern Geld ein Riesentabuthema. Viele schieben das Konfliktgespräch vor sich her, und man druckst so lange herum, bis das Thema dann auf dem Tisch liegt. Dann eskaliert es oft.

Über Geld offen zu streiten, kann deshalb durchaus sinnvoll sein. Wenn sich Paare ein solches Konfliktgespräch zutrauen, kann das auf eine gute Basis schließen. Das ist wie beim Sex: Wenn jeder dem anderen zeigt, wie man tickt, und schonungslos ehrlich miteinander ist, beweist sich darin großes Vertrauen.

Nicht das Geld verursacht die Probleme. Sondern die Art, wie Menschen damit umgehen. So gesehen gibt es keine Geldprobleme, sondern nur Beziehungsprobleme.

4. Familienplanung in den Finanzplan miteinbeziehen

Falls sich Frauen für die Familie entscheiden, sollten sie das von Anfang an in ihre Finanzplanung einbeziehen. Denn viele Frauen verzichten auch heutzutage noch zugunsten ihrer Familie auf ihre Karriere, pausieren etwa, wenn Nachwuchs kommt, und kehren dann meist in Teilzeit in ihren Job zurück. Im Schnitt erhalten Frauen deshalb 53 Prozent weniger Rente als Männer, sie haben ein höheres Risiko, im Alter arm zu sein.

Kümmert sich die Frau um die Kinder, sollte sie dafür einen finanziellen Ausgleich von ihrem Partner bekommen. Das gilt auch für Frauen, die in Teilzeit arbeiten. Denn während dieser Zeit zahlen sie deutlich weniger Geld in die Rentenkasse ein. Geld, das ihnen später einmal im Alter fehlt.

Der Mann könnte also etwa für seine Partnerin in dieser Zeit in eine private Altersvorsorge einzahlen, zum Beispiel in einen ETF, um ihren Lohnverzicht auszugleichen. Das würde verhindern, dass der Frau im Fall einer Scheidung Altersarmut droht. Und wenn es zu keiner Scheidung kommt, können sie das Geld gemeinsam ausgeben.

Eigene Kinder sind keine gute Geldanlage, sondern sie sind richtig teuer. Natürlich ist das zweitrangig, weil das eigene Kind eine Frage des Lebensglücks ist, Kinder sollten deshalb am besten gar nicht als Kostenfaktor wahrgenommen werden. Aber gerade junge Familien sollten die finanzielle Belastung nicht völlig ausblenden. Sich mal zu vergegenwärtigen, was Kinder eigentlich auf Dauer kosten, ist durchaus sinnvoll.

Das Statistische Bundesamt hat errechnet, wie hoch die unmittelbaren Kosten von Kindern sind: Pro Sohn oder Tochter gaben Eltern bei einem Kind monatlich 660 Euro, Paare mit zwei Kindern 583 Euro und jene mit drei Kindern 564 Euro aus. Dabei gilt: Der Betrag steigt, je älter die Kinder werden. Denn mit zunehmendem Alter steigen die Lebenshaltungskosten und die Ansprüche, vor allem die Ausbildung kann richtig teuer werden. Bis zur Volljährigkeit kommt so ein Betrag von 120.000 bis 140.000 Euro pro Kind zusammen. Verdammt viel Geld. Dafür könnte man auch mehrere Autos kaufen, oder mehrere Jahre eine teure Weltreise machen.

Nach dem Schulabschluss wird es noch teurer, denn dann müssen Eltern die Ausbildung finanzieren und zum Beispiel während des Studiums die Miete zahlen. Nach Angaben der Verbraucherzentrale Bayern schlagen die Ausbildungskosten pro Kind mit 100.000 Euro zu Buche, ein Kind kostet bis zum Abschluss des Studiums also rund 230.000 Euro.

Hinzu kommt: Wer Kinder hat, verdient weniger, weil er weniger arbeiten kann. Auch hier kommt noch einmal eine Summe von rund 100.000 Euro zusammen, schätzen die Verbraucherschützer.

Etwas aufgefangen werden diese horrenden Ausgaben durch das staatliche Kindergeld, das Eltern beziehen können. Das Kindergeld, sofern es 25 Jahre bezogen wird, summiert sich nach aktuellem Stand auf immerhin 58.200 Euro beim ersten Kind. Der Staat zahlt bei einer Ausbildung bis zum 25. Lebensjahr aktuell 194 Euro für jedes der ersten beiden Kinder, 200 Euro für das dritte und 225 Euro für das vierte und jedes weitere Kind. Außerdem greift der Staat Eltern nach der Geburt bis zu vierzehn Monate unter die Arme und zahlt je nach Einkommen zwischen 300 und 1800 Euro monatlich.

Sinnvoll ist es übrigens von Anfang an, für die eigenen Kinder vorzusorgen. Es lohnt sich beispielsweise schon zum Start der Geburt in einen ETF-Aktiensparplan für das eigene Kind einzuzahlen. Wer monatlich achtzehn Jahre lang fünfzig Euro einzahlt, kommt bei einer Verzinsung von fünf Prozent auf eine Sparsumme von 17.336 Euro. Geld, das das Kind dann zum Beispiel für den Führerschein oder das Studium verwenden kann.

5. Frauen sollten eigenständig mit Aktien fürs Alter vorsorgen
Wenn ich mit befreundeten Pärchen über Geld spreche, erzählen meistens die Männer, wie sie ihr Geld anlegen. Ihre Partnerinnen schweigen. Oder sagen dann: »Finanzen sind doch Männersache«, oder: »Mein Freund kümmert sich darum.«

Wenn es ums Geld geht, benehmen sich viele Frauen wie Prinzessinnen. Dann wollen sie auf einmal beschützt und versorgt werden. Sie übergeben die Verantwortung für ihre privaten Finanzen lieber ihren Partnern. Tatsächlich ergab kürzlich eine Umfrage der Postbank: 29 Prozent der Frauen kümmern sich überhaupt nicht um ihre Finanzen. Allerdings sind solche Umfragen von Banken und Versicherungen interessengesteuert und daher mit Vorsicht zu genießen. Doch zumindest die Tendenz dürfte stimmen: Viele Frauen vernachlässigen das Finanzielle. Das deckt sich auf jeden Fall mit den Erfahrungen aus meinem Bekanntenkreis.

Doch gute Vorsorge ist gerade für junge Frauen unabdingbar. Denn weibliche Angestellte verdienen leider immer noch weniger als Männer. Daran können Berufseinsteigerinnen oft unmittelbar nichts ändern. Aber: Sie können sich unabhängig von Arbeitgebern machen und ihre Finanzplanung auf diese Situation ausrichten.

Junge Frauen sollten deshalb – wie andere junge Menschen auch – von Anfang an eigenständig in Aktien investieren. Gerade Aktieninvestments, etwa breit gestreute Indexfonds, lohnen sich auf Dauer – auch für Leute ohne das ganz große Geld und ohne viel Kenntnis von der Börse. Wie das funktioniert, kannst du in Kapitel 2 nachlesen.

Warum ein Ehevertrag sinnvoll sein kann

Lena und Alexander wollen bald heiraten. Kurz nachdem sie ihrem zukünftigen Mann einen Antrag gemacht hatte, sagte Lena zu Alexander mit einem scherzhaften Unterton, dass sie einen Ehevertrag für keine schlechte Idee halte. Alexander war irritiert, fand ihren Wunsch komisch.

So reagieren die meisten Menschen, die ich kenne, wenn sie zum ersten Mal das Wort »Ehevertrag« hören. Er gilt als unromantisch, oft kommt der Vorwurf, wer so etwas fordere, glaube gar nicht an die wahre Liebe, sondern denke schon an die Scheidung.

Doch die Wahrheit ist, dass es bei einer möglichen Scheidung auch ohne solch einen Vertrag Regeln gibt, die ziemlich unromantisch sind: nämlich die Gesetze. Wenn du heutzutage heiratest, unterschreibst du beim Standesamt, dass du mit deinem Partner alles teilst, was ihr gemeinsam nach der Heirat an Vermögen ansammelt, auch die Rentenansprüche. Wenn also einer der beiden mehr in die Rentenkasse einzahlt als der andere, gibt er dem Partner später etwas von seiner Rente ab. Außerdem gibt es eine Unterhaltspflicht.

Das Problem: Die Gesetzeslage ist oft noch auf die Hausfrauenehe eingestellt. Sie schützt den finanziell Schwächeren, was grundsätzlich gut ist. Aber ich finde es nicht zeitgemäß, dass bei der Scheidung auch Vermögen geteilt wird, das nicht auf gemeinsamer Arbeitsleistung beruht. Mal angenommen, du hast vor deiner Heirat eine Wohnung gekauft. Wenn sich deren Wert während der Ehe verdreifacht, musst du den Wertzuwachs mit deinem Partner teilen. Wenn er dazu nichts beigetragen hat, ist das ungerecht.

Denn wer sich scheiden lässt, kann von seinem Ehegatten die Hälfte des während der Ehe erwirtschafteten Vermögens verlangen. Wer keinen notariellen Ehevertrag abgeschlossen hat, lebt automatisch in einer sogenannten Zugewinngemeinschaft. Nicht das gesamte Vermögen wird ausgeglichen, sondern nur der Vermögenszuwachs nach der Heirat. Dazu gehören zum Beispiel auch Lottogewinne, Abfindungen und Leistungen aus einer privaten Unfallversicherung.

Schauen wir uns ein Beispiel an: Partner A besitzt zum Zeitpunkt der Heirat 10.000 Euro. Während der Ehe legt er Geld aus seinem Einkommen beiseite, sodass er zum Zeitpunkt der Scheidung 50.000 Euro besitzt. Partner B besaß zu Beginn der Ehe 500 Euro und bei der Scheidung 6000 Euro.

Der Zugewinn des Partners A beträgt somit:
50.000 Euro – 10.000 Euro = 40.000 Euro.

Der Zugewinn des Partners B beträgt:
6000 Euro – 5000 Euro = 1000 Euro.

Der Überschuss an Zugewinn beträgt:
40.000 Euro – 1000 Euro = 39.000 Euro.

Partner B kann von Partner A die Hälfte dieses Überschusses verlangen, also 19.500 Euro.

Doch viele Ehen sehen heute anders aus als die klassische Familie, die der Gesetzgeber ursprünglich vor Augen hatte. Deshalb kann es sinnvoll sein, die gesetzlichen Regelungen durch einen Vertrag auf die eigenen Umstände anzupassen.

Sind zum Beispiel beide Eheleute berufstätig und haben keinen Kinderwunsch, ist der vom Gesetzgeber vorgesehene Zugewinnausgleich nicht notwendig. Beide sind finanziell selbstständig, erleiden durch die Ehe keine Nachteile und wollen deshalb im Falle einer Scheidung ohne finanzielle Forderungen auseinandergehen.

Ähnliches gilt, wenn ein Ehepartner über ein wesentlich größeres Vermögen verfügt als der andere. Ein Ehevertrag kann in diesen Fällen sinnvoll sein, wenn der wohlhabende Ehegatte verhindern möchte, dass der andere ihn nur heiratet, um im Falle einer Scheidung versorgt zu sein. Oder andersherum: Der weniger wohlhabende Partner will den Eindruck vermeiden, er heirate nur, um ausgesorgt zu haben.

All solche Dinge kann ein Ehevertrag regeln. Man kann ihn entweder vor der Heirat oder danach abschließen. Einseitig unfaire Vereinbarungen sind dabei ausgeschlossen, man kann zum Beispiel nicht festlegen, dass ein Partner die Kinder betreut, bis sie achtzehn sind – und dann komplett auf den Unterhalt oder Rentenausgleich verzichten. Ein Ehevertrag muss notariell beglaubigt sein und darf keinen der Partner übermäßig benachteiligen.

Mir geht es aber weniger um das Schriftstück an sich, sondern um das Reden über das Thema Geld. Denn wer einen Ehevertrag aufsetzt, unterhält sich einmal im Guten darüber, welche Vorstellungen man eigentlich vom Leben hat. In den Verhandlungen über den Verzicht auf Versorgungsausgleich lernt man nicht nur den anderen, sondern auch sich selbst neu kennen. Du erfährst, was dir wirklich wichtig ist. Das hilft, eine Beziehung zu festigen und sich gemeinsam auf die Zukunft vorzubereiten. Insofern hat der Ehevertrag etwas Gutes, auch wenn er nie zur Anwendung kommen sollte.

Wichtig ist in diesem Zusammenhang auch, sich im Vorfeld einer Ehe im Klaren darüber zu sein, dass mit einer Ehe steuerliche und rechtliche Änderungen einhergehen. Denn das Grundgesetz schützt Ehe und Familie, weshalb Eheleute rechtlich besonders behandelt werden. Die wichtigsten Vorteile im Überblick:

1. Niedrigere Steuern
Verheiratete können zum Beispiel oft erheblich Steuern sparen – dem Ehegattensplitting sei Dank. Dazu können sich Eheleute bei der Einkommensteuer zusammenlegen lassen. Dafür werden zunächst die zu versteuernden Einkommen beider Partner zusammengerechnet und dann halbiert, also gesplittet. Von diesem halben Betrag wird die Einkommensteuer berechnet, die dann wieder verdoppelt wird. So kommen oft auf das Jahr gerechnet Tausende Euro Ersparnis zusammen.

Das lohnt sich besonders, wenn ein Partner deutlich mehr verdient als der andere. Gerade bei Familien, in denen einer

Vollzeit und der andere der Kinder wegen Teilzeit arbeitet, ist das oft der Fall. Dann können Paare beide Grundfreibeträge ausnutzen und stoßen in nicht so hohe Steuersätze vor.

2. Hinterbliebenenschutz

Viele Paare möchten über einen möglichen Verlust des Partners am liebsten gar nicht nachdenken. Dabei wäre gerade das wichtig, denn das Finanzielle kann zur Belastung werden, vor allem wenn der Tod unerwartet kommt.

Stirbt einer der Eheleute, erhält der andere eine Witwenbeziehungsweise Witwerrente. Ein solcher Anspruch kann bestehen, wenn der verstorbene Partner Beiträge in die gesetzliche Rentenversicherung gezahlt hat. Die Hinterbliebenenrente hängt von der Dauer und der Höhe der geleisteten Beiträge ab und ist meist nicht allzu hoch. Aber immerhin besteht überhaupt ein Anspruch, der unverheirateten Paaren verwehrt bleibt.

3. Erbfolge

Ähnlich ist es beim Erbe: Ehepartner sind nach dem Tod des jeweils anderen erbberechtigt. Das regelt die gesetzliche Erbfolge, die immer dann gilt, wenn es keine letztwillige Verfügung – etwa ein Testament – gibt. Die gesetzliche Erbfolge allein sichert den länger lebenden Partner ein Stück weit ab. Der Ehepartner erbt die Hälfte des Nachlasses, wenn das Paar verheiratet war und es Kinder gibt, die ebenfalls erben. Diese bekommen zusammen die andere Hälfte der Erbschaft.

Für unverheiratete Paare ist deshalb ein Testament besonders wichtig. Denn die gesetzlichen Regelungen berücksichtigen den unehelichen Partner nicht. Auch wenn zwei Menschen fünfzig Jahre lang als Paar zusammengelebt haben – das Erbrecht behandelt sie, als wären sie einander fremd.

KAPITEL 8:
Steuern

Warum eine Steuererklärung sinnvoll ist und wie du Steuern sparen kannst

Kürzlich schrieb mir ein Leser: »Steuernummer? Identifikationsnummer?? Werbungskosten??? Das verstehe ich alles nicht«, und bat mich darum, in meinem Blog auf spiegel.de das Thema Steuererklärung anzugehen. Immer wieder kommen Leser und Freunde auf mich zu, die mit dem Thema völlig überfordert sind. Gerade Berufseinsteiger fürchten sich vor dem Formularkrieg mit dem Finanzamt, wenn sie das erste Mal eine Steuererklärung abgeben. Dabei lässt sich die erste Steuererklärung rasch und leicht erledigen.

Grundsätzlich führt dein Arbeitgeber die Steuern für dich jeden Monat ab. Doch eine Steuererklärung lohnt sich für dich, selbst wenn du gar nicht dazu verpflichtet bist. Denn in neun von zehn Fällen gibt es eine Steuererstattung – durchschnittlich knapp 1000 Euro. Viele meiner Freunde leisten sich von der Steuererstattung einen zusätzlichen Urlaub.

Wenn du neben deinem Hauptjob zusätzliche Einkünfte von mehr als 410 Euro erzielt hast, etwa aus Mieteinnahmen oder einem Zweitjob, *musst* du sogar eine Steuererklärung abgeben. Denn dann musst du auf diese Einnahmen nachträglich Abgaben zahlen.

Die Möglichkeiten, die Steuerlast zu mindern, sind vielfältig. Hier eine Auswahl der einfachen Möglichkeiten, Steuern zu sparen.

Werbungskosten

Sinnvoll ist die Abgabe einer freiwilligen Steuererklärung auf jeden Fall, wenn du hohe berufliche Ausgaben, also Werbungskosten, hattest. Die haben nichts mit Reklame zu tun. Der Staat hat diesen verwirrenden Begriff gewählt, weil er damit »Aufwendungen zur Erwerbung, Sicherung und Erhaltung der Einnahmen« meint.

1000 Euro beträgt der Arbeitnehmer-Pauschbetrag, der dir auf jeden Fall angerechnet wird, ohne dass du Belege dafür nachweisen musst.

Doch oftmals schöpfen viele diesen schnell aus. Lagen deine beruflichen Ausgaben darüber, dann lohnt sich für dich eine Steuererklärung. Wer zum Beispiel als vollzeitbeschäftigter Mitarbeiter täglich eine einfache Wegstrecke von fünfzehn Kilometern zu seinem Arbeitsplatz zurücklegt, überschreitet bereits mit seinen Fahrtkosten diese Pauschale. Dreißig Cent pro Kilometer des Arbeitswegs zählen, egal, mit welchem Verkehrsmittel du unterwegs bist. Es kann sogar das vom Arbeitgeber bezuschusste ÖPNV-Ticket sein.

Beispiel: Sarah hat eine klassische Fünf-Tage-Woche und wohnt fünfzehn Kilometer vom Büro entfernt. 230 Arbeitstage × 15 Kilometer × 0,30 Euro = 1035 Euro. Alleine mit den Fahrtkosten überschreitet sie also den Arbeitnehmer-Pauschbetrag. Das Finanzamt akzeptiert diese Werbungskosten als Pauschale, Sarah muss keine Nachweise erbringen.

Neben den Fahrtkosten können eine Reihe von weiteren Dingen abgesetzt werden: Dazu gehören zum Beispiel Kosten für die Kontoführung (pauschal bis sechzehn Euro akzeptiert das Finanzamt ohne Nachweis), zwanzig Prozent der Telefonkosten (viele Finanzämter akzeptieren pauschal 200 Euro) oder Bürokosten (150 Euro pro Jahr). Steuergesetze können sich im Laufe der Zeit natürlich immer mal wieder ändern, in den vergangenen Jahren haben sich die Beträge aber nur minimal verändert.

Deutlich höhere Werbungskosten kommen hinzu, wenn du deine Kosten für einen beruflichen Umzug hattest oder ein Arbeitszimmer nutzt. Auch diese Ausgaben kannst du in deiner Steuererklärung angeben.

Handwerkerkosten

Hast du in deiner Wohnung einen Handwerker arbeiten lassen und die Rechnung überwiesen? Dann kannst du dir über die Steuererklärung zwanzig Prozent der Arbeits- und Fahrtkosten zurückholen – als Steuererstattung für haushaltsnahe Dienstleistungen oder Handwerkerkosten. Dabei wichtig: Der Dienstleister muss die Arbeit vor Ort erbringen, du musst anschließend eine Rechnung erhalten und das Geld überwiesen haben. Als Mieter kannst du auch einen Teil deiner Mietnebenkosten geltend machen, etwa die Kosten für den Hauswart, die Heizungswartung oder den Winterdienst. Die Posten listet die Nebenkostenabrechnung deines Vermieters auf.

Beiträge

Auch gezahlte Kirchensteuer, Vorsorgeaufwendungen wie die Sozialversicherungsbeiträge und viele Aufwendungen für die

Altersvorsorge kannst du als Sonderausgaben absetzen. Auch Spenden, Kinderbetreuungskosten und Schulgeld gehören in diese Kategorie.

Oft lohnt sich die Steuererklärung vor allem für Studenten. Mehr als zwei Drittel aller Studierenden verdienen nebenher etwas dazu, wie das Deutsche Studentenwerk ermittelt hat. Mal arbeiten sie nur in der vorlesungsfreien Zeit, mal dauerhaft im Minijob oder als Werkstudent. Bei einem typischen kurzfristigen Ferienjob werden keine Beiträge für Kranken-, Pflege-, Renten- oder Arbeitslosenversicherung vom Lohn abgezogen, egal, wie viel verdient wird. Voraussetzung dafür ist, dass die Beschäftigung nicht länger als siebzig Arbeitstage im Jahr oder maximal drei Monate dauert.

Für diejenigen hingegen, die in den Semesterferien Vollzeit in einer Fabrik oder im Restaurant arbeiten und diese Grenze überschreiten, gilt: Sie arbeiten »auf Steuerkarte«. Das heißt, sie werden wie jeder andere Arbeitnehmer anhand seiner Steueridentifikationsnummer vom Arbeitgeber sozialversicherungspflichtig angemeldet. Wenn die Studierenden nun monatlich mehr als etwa 1000 Euro verdienen, werden ihnen zunächst Lohnsteuer, Kirchensteuer sowie ab einem bestimmten Einkommen der Solidaritätszuschlag vom Gehalt abgezogen. Das zu viel Gezahlte müssen sich die Ferienjobber dann via Einkommensteuererklärung zurückholen. Das lohnt sich, denn so kommen schnell ein paar Hundert Euro zusammen.

Auch lohnt es sich für viele Studenten ohne Einkünfte, eine Steuererklärung anzufertigen. Sie können die Kosten ihrer Ausbildung geltend machen. Attraktiv ist das für Studenten, die sich in einer Zweitausbildung befinden. Das ist ein Studium, dem ein abgeschlossenes Bachelorstudium oder eine Berufsausbildung von mindestens zwölf Monaten vorausgeht. Die Aufwendungen fürs Studium können sie jedes Jahr als »Werbungskosten« in unbegrenzter Höhe über eine Steuererklärung feststellen lassen. Durch die Angabe der Werbungskosten entsteht ein steuerlicher Verlust, da ihnen keine Einnahmen gegenüberstehen. Dieser wird immer ins Folgejahr übertragen, bis der Absolvent in einen Beruf einsteigt und erstmals steuerpflichtig wird. Dann wird der angesammelte Verlust von seinem Einkommen abgezogen, und er kann so mehrere Tausend Euro Einkommensteuer beim Berufseinstieg sparen.

So erstellst du am bequemsten eine Steuererklärung

Der klassische Weg, seine Steuererklärung zu machen, ist es, die kostenlosen Papierformulare des Finanzamts auszufüllen und abzuschicken. Noch immer akzeptiert das Finanzamt diese Form der Abgabe, aber es ist sehr lästig, weil man sich dabei durch stapelweise Papier quälen muss.

Inzwischen gibt es auch einige elektronische, viel bequemere Möglichkeiten, seine Steuererklärung abzugeben. Da wären zum einen die Angebote der Finanzverwaltung: Zur Auswahl stehen das PC-Programm ElsterFormular, das du herunterladen musst, oder die Variante »Mein Elster« im Internet-Browser.

Das Programm ElsterFormular existiert aber nur für das Betriebssystem Windows von Microsoft, du musst es zunächst auf der Elster-Seite herunterladen und auf deinem Computer installieren. Nach der Programminstallation startest du ElsterFormular mit einem Doppelklick auf das Symbol auf dem Desktop. Dann legst du als Privatperson eine Einkommensteuererklärung an, im Programm erscheint das jeweils ausgewählte Steuerformular. Zeile für Zeile kannst du dann deine Daten ins Formular eintragen und auch leicht korrigieren.

Deutlich bequemer ist es, wenn du dich für »Mein Elster«

registrierst und die Steuererklärung direkt im Web-Browser ausfüllst. Dafür musst du dich zunächst unter www.elster.de registrieren. Gut funktioniert das Erstellen einer Steuererklärung mit Chrome und Firefox. Auch Apple-Nutzer müssen einen dieser Standardbrowser verwenden, um alle Funktionen ausschöpfen zu können. Mit Safari von Apple kommst du leider nicht weit.

Doch zugegebenermaßen ist die Bedienung beider Varianten nicht ganz einfach, weil sie beide im Endeffekt auf den komplizierten Formularen des Finanzamts aufbauen. Laien verschenken oft Geld, wenn sie die staatlichen Angebote nutzen, weil sie ja gar nicht wissen, was sie wo eintragen können und sollten.

Am Anfang meines Berufslebens arbeitete ich auf Honorarbasis für viele verschiedene Medien gleichzeitig, war aber noch als Student eingeschrieben. Irgendwann war mein Steuerfall so komplex, dass ich mir die Hilfe eines Steuerberaters holte.

Damit du nicht viel Geld für einen Steuerberater ausgeben musst, kann es sinnvoll sein, auf eine kommerzielle Software zurückzugreifen, die dir beim Ausfüllen mit Tipps zur Seite steht und viel einfacher zu bedienen ist als die Standardprogramme der Finanzverwaltung. Die Eingaben prüft das Programm automatisch und berechnet die Steuer vor Abgabe der Erklärung.

Bei Steuersoftware gibt es zwei Typen: zum einen Desktop-Programme, die du auf deinem PC installieren musst, oder Cloud-Lösungen, die im Browser laufen. Die meisten Freiberufler, die ich kenne, nutzen solche Browser-Lösungen, weil sie so ihre gesamten Eingaben schnell im Browser angeben können, ohne vorher ein Programm installieren zu müssen. Das spart Zeit und Geld.

Die Programme gehen dabei ziemlich ähnlich vor: Es gibt keine komplexen Steuerformulare, sondern vereinfachte Fragen, auf die du mit deinen Angaben antworten musst. Bei der Eingabe poppen am rechten Rand Tipps auf, welche Ausgaben du geltend machen kannst. So wirst du Schritt für Schritt durch die Steuererklärung geführt, ohne dich mit den Formularen des Finanzamts herumschlagen zu müssen.

Laut der Zeitschrift *Finanztest* zählen »WISO Steuer: Web und Smartsteuer« zu den besten Anbietern für Browser-Lösungen. Bei den klassischen PC-Programmen liegen das »WISO Steuer: Sparbuch und Tax« vorne. Die Programme kosten zwischen fünfzehn und dreißig Euro pro Jahr. Geld, das du durch zurückgezahlte Steuern schnell wieder drin hast.

Bei einigen Steuerprogrammen kannst du kostenlos deinen Steuerfall durchspielen, bevor du zahlen musst, so kannst du herausfinden, ob sich das Programm für dich eignet und leicht zu bedienen ist. Auf diesem Weg habe ich das Steuerprogramm meiner Wahl gefunden.

Egal, für welchen Weg du dich entscheidest, oft hilft es, einige Grundbegriffe der Steuerformulare zu kennen, sie tauchen bei allen Programmen im Hintergrund immer wieder auf. Wenn du die klassische Papiervariante wählst, musst du sie sogar kennen.

Im **Mantelbogen** werden deine persönlichen Angaben und

das für dich zuständige Finanzamt erfasst. Tipp: Deine Identifikationsnummer findest du auf deiner Lohnsteuerbescheinigung des Arbeitgebers.

Die **Anlage N** ist für die meisten Steuerzahler die wichtigste. Angestellte geben hier ihr Einkommen an und erklären, welche Ausgaben sie teilweise zurückfordern, also die Werbungskosten wie Fahrt-, Büro- und Haushaltskosten. Deine Einnahmen kannst du einfach von der Lohnsteuerbescheinigung des Arbeitgebers abschreiben.

Anlage V – Wer Einnahmen aus einer Vermietung erzielt, muss sie dort angeben. In dieses Formular tragen Vermieter auch ihre Werbungskosten ein, dazu gehören Ausgaben, die mit der vermieteten Immobilie zusammenhängen. Tipp: Falls du nur ab und zu ein Zimmer vermietest – zum Beispiel über Airbnb –, dann sind Gewinne in Höhe von 520 Euro im Jahr steuerfrei und müssen nicht angemeldet werden.

Anlage S – Dieses Formular müssen **Selbstständige** und **Freiberufler** abgeben. Das gilt zum Beispiel auch für Personen, die nebenberuflich Einkünfte aus selbstständiger Arbeit erwirtschaften.

Anlage EÜR – Freiberufler müssen eine **Einnahmen-Überschuss-Rechnung** (EÜR) nach der vorgegebenen Struktur des Formulars abgeben. Dies ist die einfache Form der Gewinnermittlung. Dabei stellst du deine Einnahmen deinen Ausgaben gegenüber.

Anlage Vorsorgeaufwand – Hier gibst du die Ausgaben für deine Kranken-, Pflege-, Renten-, Betriebsrenten-, Berufsunfähigkeits-, Risikolebens-, Kapitallebens-, Unfall- oder Haftpflichtversicherungen an. Einen Teil der Ausgaben dazu findest du in der Jahressteuerbescheinigung deines Arbeitgebers, du brauchst sie nur abzuschreiben.

Anlage KAP – Hier gibst du deine Kapitaleinkünfte aus Zinsen und Dividenden an. Viele Sparer schöpfen ihren Sparer-Freibetrag von **801 Euro pro Person** nicht aus und brauchen dann die Anlage KAP in aller Regel nicht auszufüllen. Tipp: Wenn du Gewinne aus Aktien-ETFs erzielst, musst du diese hier nicht mehr angeben, die Steuer führt die Depotbank automatisch für dich ab, du musst dich also um nichts kümmern.

KAPITEL 9:
Der Traum von finanzieller Unabhängigkeit

So könnte der Ausstieg klappen

Sucht man bei Amazon nach Büchern zum Schlagwort »finanzielle Freiheit«, findet man schnell fast tausend Bücher. Hinzu kommen im Netz haufenweise Blogs und Erfahrungsberichte von Menschen, die mit Anfang oder Mitte vierzig aufhören zu arbeiten oder fest vorhaben, das zu tun. Vor allem Amerikaner berichten, wie sie spartanisch leben, jeden Monat Geld beiseitelegen und es investieren, um früher Schluss zu machen als vom Gesetzgeber vorgesehen.

Es scheint mal wieder einer dieser hippen Lifestyle-Trends aus den USA zu sein, der da gerade zu uns herüberschwappt. Viele junge, gut ausgebildete Menschen wollen nicht mehr bis zur Rente Tag für Tag im Büro hocken – sie träumen von finanzieller Unabhängigkeit. Sie haben das Ziel, früher aus dem Beruf auszusteigen, als es die gesetzliche Rente vorsieht, um sich dann Zeit für Dinge zu nehmen, die ihnen wirklich Spaß machen: Reisen, Zeit mit der Familie verbringen oder sich selbst verwirklichen.

Aber ist der Ausstieg mit 45 überhaupt möglich? Was muss man tun, um dieses Ziel als Normalverdiener zu erreichen? Und ist es überhaupt erstrebenswert?

Growney, der schon genannte Online-Vermögensverwalter aus Berlin, hat für dieses Buch konkrete Ausstiegsmodelle durchgerechnet. Das Ergebnis: Ja, es ist möglich, früher aus dem Berufsleben auszuscheiden, auch wenn man nicht im Lotto gewinnt oder viel Geld von den Eltern erbt. Doch das erfordert eiserne Spardisziplin, gute Kapitalerträge und ein verhältnismäßig hohes Einkommen.

In unserem Beispielmodell haben wir uns an zwei typischen Aussteigern orientiert: Wir nennen sie Marie und Paul.

Marie ist eine Überfliegerin und startet mit 25 als Juristin mit Uni-Abschluss ins Berufsleben. In einer Kanzlei verdient sie ein üppiges Einstiegsgehalt von 50.000 Euro im Jahr, über die Dauer ihres Berufslebens steigert sie ihr Jahreseinkommen sogar auf 100.000 Euro. Sie gehört damit zu den Top-Verdienern in Deutschland. Dafür arbeitet sie hart, gerne auch mal sechzig bis siebzig Stunden die Woche.

Paul ist etwas weniger ehrgeizig. Als 25-jähriger Software-Programmierer verdient er ein Einstiegsjahresgehalt von 40.000 Euro, damit erzielt er in etwa das deutschlandweite Durchschnittseinkommen – wenn auch schon in jungen Jahren.

Aber auch Paul kann sein Gehalt während seines Berufslebens steigern: Mit 45 verdient er 60.000 Euro im Jahr bei einer Vierzig-Stunden-Woche.

Sowohl Paul als auch Marie haben das Ziel, mit 45 aufzuhören zu arbeiten und von da an bis zu ihrem theoretisch angenommenen Tod im Alter von 95 Jahren von ihrem Ersparten zu leben, also insgesamt über eine Dauer von fünfzig Jahren.

Eine verdammt lange Zeit, die sie ohne Arbeitseinkommen überbrücken müssen.

Um dieses Ziel zu erreichen, legen die beiden Möchtegern-Aussteiger von Anfang an einen Großteil ihres Einkommens beiseite. Das Ersparte legen sie in Aktienfonds an. Sie entscheiden sich für Indexfonds (ETFs), die stumpf die größten Börsenindizes der Welt abbilden. Sie wenden genau die Strategie an, die wir bereits in Kapitel 2 kennengelernt haben. Diese ETFs eignen sich gut, weil sie kostengünstig sind und das Risiko über viele Tausende Aktien streuen. Um die genaue Aktienauswahl brauchen Marie und Paul sich deshalb nicht weiter zu kümmern. Einmal aufgebaut, läuft das Portfolio über all die Jahre fast von alleine.

Am Ende zahlen die beiden Kapitalertragsteuern von 25 Prozent sowie den Solidaritätszuschlag auf ihre Erträge. Dabei nehmen sie den Sparerpauschbetrag in voller Höhe in Anspruch, sodass sie 801 Euro ihrer Kapitalerträge jährlich steuerfrei kassieren.

Natürlich schwanken Aktienkurse kurzfristig sehr stark – das werden auch Marie und Paul zu spüren bekommen. Wenn man aber annimmt, dass sich die Börsen in Zukunft ähnlich entwickeln werden wie im vergangenen Jahrhundert, können die beiden mit einer durchschnittlichen Rendite von 5,65 Prozent pro Jahr (nach Abzug der Inflation) rechnen. Denn diese Rendite haben die Aktienmärkte im Durchschnitt auch in den vergangenen hundert Jahren erzielt – trotz schwerer Kriege und Finanzkrisen.

Bei dieser Rendite kommt die Aussteigerin nach den Berechnungen von Growney auf eine lebenslange monatliche Rente in Höhe von 2112 Euro. Diese Summe erhält sie sowohl während ihres Berufslebens als auch während ihrer Rente. Das bedeutet also, dass sie während ihres gesamten Berufslebens jeden Euro ihres Einkommens beiseitelegen muss, der über den Betrag von 2112 Euro netto hinausgeht. So spart Marie über einen Zeitraum von zwanzig Berufsjahren rund 500.000 Euro.

So viel gibt es lebenslänglich
Höhe der lebenslangen monatlichen Rente in Abhängigkeit der erzielten Rendite bei einem…

Beiträge für die Krankenkasse sind in diesem Modell bereits abgezogen: Sobald Marie 45 ist, zahlt sie die Beiträge für die gesetzliche Krankenkasse selbst. Ab dem gesetzlichen Rentenbeginn mit 67 Jahren übernimmt der Rentenversicherungsträger wieder zur Hälfte diese Zahlungen.

Aber was sagt uns das Ergebnis? Mit einem lebenslangen monatlichen Nettoeinkommen von 2100 Euro lässt es sich vernünftig leben, 1000 Euro gehen fürs Wohnen drauf und der Rest für Versicherungen, Lebensmittel, Kleidung. Klar ist aber auch: Großer Luxus ist nicht drin, Marie muss konsequent ihre Ausgaben im Blick behalten. Doch viele Aussteiger wie Marie träumen gar nicht von einem Ferrari oder von einer Jacht: Ihnen geht es vor allem darum, möglichst viel Freizeit zu haben.

Was aber auch nicht berücksichtigt ist: eine Familie oder der Kauf eines eigenen Hauses. Spätestens mit einem eigenen Kind dürfte die Kalkulation in sich zusammenfallen. Man könnte diesen extrem spartanischen und freiheitsverliebten Lebensstil durchaus auch als egoistisch bezeichnen.

Maries Beispiel zeigt, wie schwer es ist, den Ausstieg zu schaffen. Zur Erinnerung: Marie verdient während ihres Berufslebens ein Gehalt, von dem viele in Deutschland nur träumen können. Trotz ihres Großeinkommens kann sie monatlich aber nur rund 2000 Euro ausgeben – ihr Leben lang.

»Aussteiger müssen bereit sein, von Anfang an konsequent einen Großteil ihres Einkommens zu sparen«, sagt Gerald Klein, Geschäftsführer von Growney. Andernfalls klappe der Ausstieg nur, wenn man Millionensummen verdient.

Maries Weg zur Privatière

Höhe des angesparten Kapitals bei einem Jahreseinkommen von 50.000 bis 100.000 Euro, Rendite 5,65 Prozent

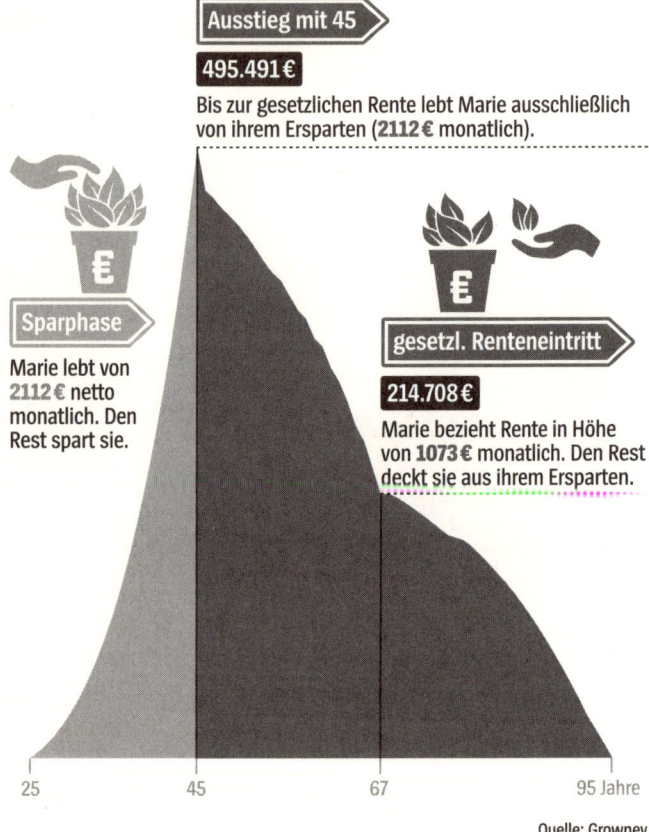

Quelle: Growney

Das zeigt das Beispiel von Paul: Er verdient deutlich weniger als Marie und kommt bei einer Sparrendite von 5,65 Prozent nur auf ein lebenslanges Nettoeinkommen von 1556 Euro. Er muss sich sowohl während seines Berufslebens als auch während seiner Rente mit deutlich weniger begnügen.

Pauls Weg zum Privatier

Höhe des angesparten Kapitals bei einem Jahreseinkommen von 40.000 bis 60.000 Euro, Rendite 5,65 Prozent

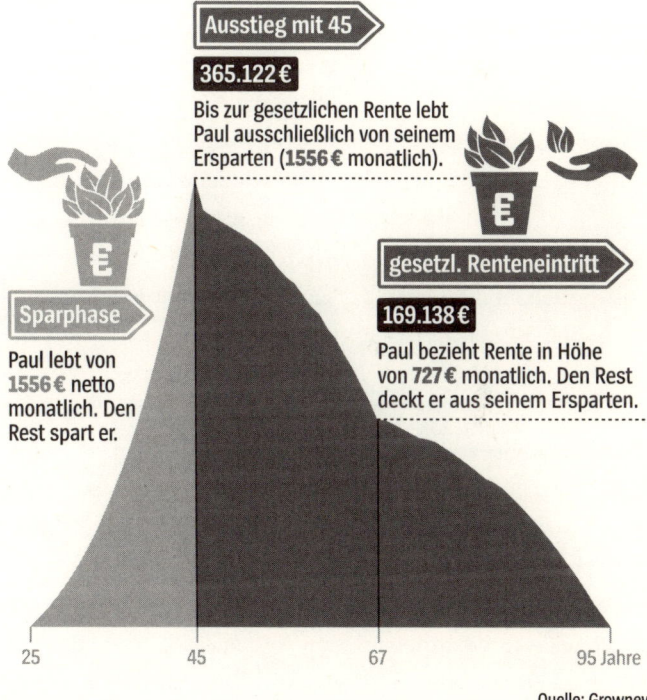

Quelle: Growney

Hinzu kommt, dass Aussteiger ihr angespartes Geld von Anfang an renditeorientiert anlegen müssen. Wer eine Durchschnittsrendite von fünf Prozent auf sein Erspartes erzielen will, muss bereit sein, sein gesamtes Geld in Aktien anzulegen. »Tagesgeld und Sparbücher werfen längst keine Zinsen mehr ab. An Aktien führt beim Ausstiegsplan kein Weg vorbei«, sagt Klein.

Doch was, wenn die Börsenkurse ausgerechnet kurz vor dem geplanten Ausstieg kräftig fallen? Die erzielte Rendite beeinflusst das Ergebnis massiv. Wenn Marie zum Beispiel nur eine Rendite von zwei Prozent erzielt, schrumpft ihre lebenslange Rente auf 1657 Euro. Selbst Spitzenverdiener wie Marie haben es dann schwer, ihren Ausstieg finanzieren zu können.

Bei Paul wird das noch deutlicher: Erzielt er auf sein Erspartes nur eine Rendite von zwei Prozent, kommt er auf eine lebenslange Rente von nur knapp 1200 Euro netto. Mehr als das Existenzminimum ist das nicht. Anders ausgedrückt: Sollten sich die Börsen tatsächlich schwach entwickeln, bedeutet das für Aussteiger, dass sie länger arbeiten müssen.

Früher in Rente zu gehen, dürfte also nur einer kleinen Gruppe von Menschen möglich sein: Gutverdienern, die gleichzeitig eisern sparen und sich trotz eines höheren Gehalts keinen gehobenen Lebensstandard leisten.

Außerdem ist das ganze Konzept der finanziellen Freiheit durchaus kritisch zu sehen: Man vernachlässigt das Hier und Jetzt und arbeitet auf ein gewisses Ziel hin, anstatt das Leben in jungen Jahren auszukosten und zu genießen. Viele Finanzblogger wirken bei ihrem Bestreben etwas verkrampft auf mich, und ich stelle mir die Frage: Bleiben sie ihrer Strategie wirklich treu, wenn sie mal eigene Kinder kriegen sollten? Sind dann Sparquoten jenseits von zwanzig Prozent überhaupt noch realistisch?

Und außerdem: Wenn jemand mit Anfang zwanzig das Ziel hat, mit vierzig in Rente zu gehen, dann muss man sich doch fragen, wieso er bereit ist, einen Job zu machen, aus dem er so früh schon wieder rauswill. Wer mit seiner beruflichen Situation so unzufrieden ist, sollte lieber daran etwas ändern, statt ständig von früher Rente zu träumen. Oft ist dieser Gedanke nur eine Illusion.

Viel wichtiger ist es, von Anfang an für die reguläre Rentenzeit vorzusorgen. Das ist die Pflicht eines jeden. Alles, was darüber hinausgeht, ist die Kür.

Und nun wünsche ich dir viel Spaß beim Umsetzen der Tipps und Checklisten aus diesem Buch. Am Anfang sind manche Dinge etwas nervig, aber wenn du einmal deine Geldangelegenheiten richtig geregelt hast, musst du nicht mehr viel tun. Der Großteil läuft über die Jahre von allein. So hast du mehr Zeit für das, was wirklich wichtig ist.

Oft reicht es aus, einmal pro Jahr einen Check zu machen und zu gucken, ob noch alles so wie geplant läuft – das war's! Zwischendurch kannst du dich auch auf meinem Young-Money-Blog auf spiegel.de informieren. Dort berichte ich, wenn es zum Thema Geld etwas Neues gibt, das du wissen solltest.

Glossar

Aktie – Der Anteil eines an der Börse notierten Unternehmens, das du durch einen Kauf erwerben kannst.

Aktienfonds – Ein Aktienfonds ist von einer Kapitalanlagegesellschaft (Investmentgesellschaft) verwaltetes Vermögen, das überwiegend in Aktien angelegt wird. Es gibt aktive und passive Aktienfonds (ETFs).

Aktienindex – Ein Aktienindex ist eine Kennziffer zur Darstellung der Kursentwicklung von Aktien. Der bekannteste in Deutschland ist der Deutsche Leitindex Dax.

Ausgabeaufschlag – Der Ausgabeaufschlag ist eine einmalige Gebühr, die beim Kauf von Fondsanteilen anfällt.

Ausschüttender Aktienfonds – Bei solchen Fonds werden die dem Fonds zugeflossenen Erträge (Dividenden) an die Anteilseigner ausgeschüttet.

Bonität – Die Bonität beschreibt die Kreditwürdigkeit und Zahlungsfähigkeit eines Kreditnehmers (Schuldners).

Börse – Die Börse ist der Ort, an dem Finanzprodukte (Aktien, Anleihen etc.) gehandelt werden. Die wichtigste Aktienbörse der Welt ist die New York Stock Exchange an der Wall Street.

Börsencrash – Damit wird der drastische Verfall der Börsenkurse innerhalb einer vergleichsweise kurzen Zeitspanne verstanden. Er gilt als Vorbote oder Ausdruck einer Wirtschaftskrise.

Broker – Wertpapiermakler, die auch für Privatkunden den Kauf von z. B. Aktien abwickeln. Zu den bekanntesten Online-Brokern in Deutschland gehören Comdirect, Cortal Consors und Flatex.

Cost-Average-Effekt – Bei Sparplänen mit regelmäßigen Einzahlungen (zum Beispiel monatlich) erreicht der Anleger, dass er bei fallenden Kursen mehr, bei steigenden Kursen entsprechend weniger Fondsanteile erwirbt. Diese regelmäßige Einzahlung gleichbleibender Beträge über einen längeren Zeitraum hat für den Anleger den Vorteil, dass er die Anteile zu einem insgesamt günstigeren Durchschnittspreis kauft.

Dax – Der Deutsche Aktienindex ist der für den deutschen Markt wichtigste Börsenindex. Er wird von der Deutschen Börse aus den Kursen der dreißig umsatzstärksten deutschen Aktien berechnet und ist der meistbeachtete Indikator für die Entwicklung des Marktes.

Depot – Der Ort, an dem deine Wertpapiere von einer Bank verwaltet werden.

Direktbank – Banken, die Finanzdienstleistungen ohne eigenes Filialnetz anbieten. Bankgeschäfte werden überwiegend per Internet abgewickelt. Beratung findet nur geringfügig (per Telefon) oder gar nicht statt.

Diversifikation – Diversifikation bedeutet, dass du deine Investments streust, also auf verschiedene Anlageklassen verteilst. Dadurch wird das Risiko eines Verlusts reduziert. Eine nicht ausreichende Diversifikation läge zum Beispiel vor, wenn du dein gesamtes Erspartes in nur eine Aktie investieren würdest.

Dividende – Die Dividende ist der auf eine Aktie entfallende Anteil an der Gewinnausschüttung eines börsennotierten Unternehmens. Sie wird an die Aktionäre ausbezahlt.

Einlagensicherung – Die Einlagensicherung ermöglicht, dass Kunden auch im Falle einer Insolvenz (Pleite) der Bank ihr Guthaben bis zu einer gewissen Höhe ausbezahlt bekommen müssen. In Deutschland sind je Bank Einlagen bis zu einer Höhe von 100.000 Euro gesetzlich geschützt.

ETF – Exchange Traded Funds sind börsennotierte passive Fonds, die einen bestimmten Börsenindex abbilden – zum Beispiel den deutschen Leitindex Dax. Steigt beispielsweise der Dax um zehn Prozent, legt auch der Indexfonds um zehn Prozent zu.

Kredit – Bei einem Kredit zahlt die Bank die gewünschte Summe auf einen Schlag aus. Im Gegenzug muss der Kreditnehmer das Geld mit einer festen Rate zurückzahlen.

MSCI World – Ein Weltmarktaktienindex, der für viele Fondsmanager große Bedeutung als Vergleichsmaßstab hat. Der Index enthält rund 1600 Unternehmen aus 23 Ländern.

Physische ETFs – Das sind ETFs, die nahezu vollständig den Aktienkorb kaufen, der den Referenzindex ausmacht, den sie abbilden wollen. Bei einem physischen ETF auf den Dax beauftragt der ETF-Konstrukteur also einen Broker, alle Aktien zusammenzukaufen, die den Dax ausmachen.

Portfolio – Als Portfolio bezeichnet man alle Wertgegenstände, die sich in deinem Besitz befinden. Das sind vorrangig Wertpapiere, können aber auch Immobilien oder Gold sein.

Rendite – Die Rendite bezeichnet den Gesamterfolg einer Kapitalanlage, gemessen als tatsächliche Verzinsung des eingesetzten Kapitals.

Robo-Advisor – Das sind junge Firmen, die online vorgefertigte Strategien zur Geldanlage anbieten. In einem meist ziemlich einfachen Online-Fragebogen erfassen sie, welches Risiko ein Anleger eingehen kann und will, empfehlen ihm eine Anlagestrategie, nehmen sein Geld und handeln dann ganz automatisch mit den passenden ETFs.

Sparplan – Mittels eines Sparplans kannst du regelmäßig (z. B. monatlich) Anteile an einem Fonds erwerben.

Synthetische ETFs – Diese kopieren den Index mit »Swaps«, sie lassen sich also von einer Partnerbank die Wertentwicklung des jeweiligen Index zusichern, anstatt die tatsächlich im Index enthaltenen Aktien zu kaufen (physische ETFs). Im Gegenzug erhält die Bank einen Korb bekannter Aktien vom ETF-Anbieter. Dieser Tausch kann am Ende ein paar Prozentpunkte mehr Rendite rausholen.

Tagesgeldkonto – Ein Tagesgeldkonto ist ein verzinstes Konto ohne festgelegte Laufzeit, das ausschließlich der Geldanlage dient.

TER – Die Total Expense Ratio oder Gesamtkostenquote ist eine Kennzahl, die Aufschluss darüber gibt, welche Kosten bei einem Investmentfonds jährlich anfallen.

Thesaurierend – Ein thesaurierender Fonds legt die erwirtschafteten Renditen automatisch wieder an (Reinvestition), anstatt sie an die Anleger auszuschütten.

Tilgung – Regelmäßige Rückbezahlung einer langfristigen Schuld in Form von Teilbeiträgen.